NHK趣味の園芸——よくわかる栽培12か月

ダリア

山口まり

目次

M.Yamaguchi

'アルペン・フュリー'
（アネモネ咲き）

ダリアの育て方 77

ダリアをいっそう楽しむために 113

Column

H.Imai

黒葉ダリア
‘ミッドナイト・ムーン’

ダリアの魅力

豪《ごう》華《か》絢《けん》爛《らん》・清楚・かわいい・力強いなど、
さまざまな表現で称えられるダリア。
花ばかりでなく草姿も多様なので、
庭、コンテナ、それに切り花など
どんなシーンでも、その魅力を
いかんなく発揮してくれます。
ダリアのある生活を楽しんでください。

（撮影・二宮孝嗣）

P/K.Ninomiya

花の大きさによる分類

超巨	超巨大輪	30cm以上
巨	巨大輪	28cm前後
大	大輪	24cm前後
中大	中大輪	21cm前後
中	中輪	17cm前後
中小	中小輪	13cm前後
小	小輪	10cm前後
極小	極小輪	5cm前後
ボール		10～15cm
ミニチュアボール		5～10cm
ポンポン		5cm以下

N.Kamibayashi

花径 5cm ほどの極小輪ダリア'スマイルピーチ' 矮性多花性で鉢植えに最適。

ダリアの最大の魅力は、豪華絢爛な花、あでやかな花、清楚な花、かわいい花など多種多様な花にあります。濁りのない澄んだ色合いの20cmを超える大きな花は、ほかのどんな花よりも印象的で人をひきつけるものです。想像するに、ダリアとの最初の出会いは、大輪の真っ赤や黒いダリアだったのではないでしょうか。

さらに、ダリアは、単にそうした多様な花の変化が見る人の心をとらえるばかりでなく、庭植え、鉢植え、寄せ植えの主役としてもわき役としても、さらには切り花として、さまざまなシーンで利用することができます。また、開花期間が長く、3~5か月も咲き続ける点も大きな魅力です。

夏から秋にかけての花壇やコンテナの好素材として家庭で栽培されるほか、公園やフラワーパークなどの広い場所でも、その存在感を

H.Imai

真っ赤なデコラティブ咲きの‘宇宙’は、日本で最大の花を咲かせる。豪華絢爛という魅力を表す代表的なダリア。直径30㎝以上に咲かせるには、天花仕立てで、ストレスを与えないように育てる。

生かし主役として大活躍します。
また、パーティ会場を飾る大型のアレンジメントやウエディングブーケなどに欠かすことのできない花ともなっています。近ごろでは、シックな色のダリアが別れの祭壇を飾る花としても使われるようになりました。

花径　大きさは、直径4cmほどの極小輪から30cmを超える巨大輪まで。超巨大輪は、コンテストの競技花とされることがあります。
管理や環境により花の大きさは変わります。

咲き方　花弁が8枚の一重の清楚な花から、200枚を超えるゴージャスな万重咲きまで、たいへんバラエティに富んでいます。

花形　ダリアというと真っ先に思い浮かべるフォーマル・デコラティブ咲きのほか、かわいいポンポン咲き、繊細なカクタス咲きなど、「日本ダリア会」では17の花形に分類しています（16ページ参照）。

花色　黒と青色はありませんが、そのほかの色はすべてそろっているといってよいでしょう。さらに、単色ばかりでなく数種の色が複雑に混ざり合った多色咲きなど、その微妙な色の配合は自然の妙です（24ページ参照）。

草丈　草丈も高低があります。30〜50cmの矮性《わいせい》種から2mほどの高性種があり、さらに皇帝ダリアのように3〜6mにもなるものもあります。

草丈による分類

1	極高性	150cm以上
2	高　性	120〜150cm
3	中高性	100〜120cm
4	中　性	70〜100cm
5	中矮性	50〜70cm
6	矮　性	50cm以下

H.Imai

パステルカラーのシングル咲き‘ティトキ・ポイント’は、優しい雰囲気をもつ。

矮性種は、鉢植えやガーデン用に、高性種は、切り花や庭植えにと、さまざまな目的で使うことができます。

品種や栽培の方法で草丈はだいぶ変わりますが、背の高い品種は、切り花やボーダー花壇の背景に利用され、背丈の低い品種は、鉢植えやガーデン用、ボーダー花壇の前面〜中位置に適しています。

カタログなどの表記では、一番花の開花時の背丈に基づいて、8ページの表のように分類されています。入手の際は、草丈も参考にしましょう。

葉　ダリアの葉は、緑葉が普通ですが黒葉種もあります。葉と花のコントラストがシックで、ガーデンや寄せ植えのアクセントになり、リーフプランツとしても利用されています。

タネから育てるダリア

ダリアは、一般的には春植えの球根植物として扱われますが、タネをまいて育てても2か月ほどで花を咲かせます。

春まき草花として、数品種のタネが販売されています。種子系ダリアは、ダリア特有の澄んだ色合いの一重から半八重の花が咲く矮性種です。一度にたくさんの苗をつくることができるので、花壇で色とりどりの花を楽しむにはうってつけです。また、背丈もあまり伸びず（30〜50㎝）多花性なので、鉢で楽しむにも適します。

球根から育てるダリアと同様に、肥培管理すると霜が降りるまで咲き続け、地下には球根もできます。その後は通常の球根からのダリアと同じ管理をします。

H.Imai

背丈の低い黒葉ダリアは、花壇のアクセントにぴったり。

コンテナガーデンを楽しむ

　ダリアの華やいだ魅力を発揮させるには、大鉢に数株植えにし、多数の花を咲かせることです。また、ほかの草花や樹木などと組み合わせて、コンテナにさまざまな景色を演出するのも楽しみ方の一つです。その際は、ダリアの特徴、性質をよく理解して、組み合わせる花々を選択することが大切です。

　組み合わせを考える際は、ダリアはもちろん、ほかの草花も花つきのポット苗が入手できますので、それを求めると意図する寄せ植えをイメージしやすく、手軽に組み合わせを考えることができます。ただし、パートナーとなる草花は花や色、姿ばかりで選ばず、ダリアと同じ条件で生育するということが重要です。

ダリアを引き立てる植物

●花の小さなもの

　ダリアと同様に開花期が長く、小花が咲き続けるものがよいでしょう。宿根ネメシア、宿根バーベナ、サンビタリア、メカルドニアなど。

●通風や日当たりを妨げないもの

　すらっと伸びる性質のガウラ、センニチコウや横から垂れ下がるように生育するポーチュラカ、アメリカンブルー、ほふく性のカリブラコアなど。

　ほふく性のものは、真夏に鉢を覆い遮光の役目もしてくれるので一石二鳥です。

●ダリアと草姿が異なるもの

　オーナメンタルグラスと呼ばれるイネ科やカ

小輪ダリアの寄せ植え。

M.Kumon

ヤツリグサ科の植物は、ダリアと草姿がまったく異なるので、引き立て役になるばかりでなく、風に葉がそよぐ姿は、寄せ植えに軽やかさを演出する優れものです。スティッパや小型のカレックス、ヤクシマススキなどが最適です。

●ダリアと異なった葉色をもつもの

コンテナガーデンでは、葉も重要な要素となります。ダリアと同じような葉形や色のものは避けます。シルバーリーフのアサギリソウ、ブロンズやライムカラーのヒメコリウスなどが適しています。

避けたい植物

●ダリアと同じような色や形のもの

同じキク科のジニア類やシングル咲きのダリアによく似たコスモス類は、お互いのよさを殺し合ってしまいます。花形の異なるものか、同じ花形でも小さなものならよいでしょう。

●背が高く茂るもの

ダリアは日当たりと風通しを好みます。背丈が高く茂るもの（ルドベキア'高雄'、サルビア・ガラニチカなど）は、風通しや日当たりを遮るうえ、ダリアの勢いを減退させて病害虫が発生しやすくなります。

●多肥を好むもの

ダリアは肥料を好みますので、一緒に植えた植物と肥料を奪い合うことになります。そうなると花の数が少なくなる、貧弱な花になってしまう、といった影響が出ます。

＊球根からつくる場合は、あらかじめ小型のポットで草丈10〜20㎝程度に育ててから寄せ合わせるようにします。そうしないと、ほかの草花の陰になるため初期生育が思わしくないばかりでなく、潜んでいるナメクジなどに新芽を食害されたりすることが多々あるからです。

切り花を楽しむ

開花最盛期には、切り花として楽しんだらいかがでしょう。シングル咲き、アネモネ咲き、黒葉ダリアなど、実際に自分で栽培してこそ、切り花として楽しめる種類もあるのです。

「ダリアの切り花はもたない」といわれますが、適切な処理をすれば、ほかの花と同様に、魅力的な花を長く楽しむことができます。

ダリアの花を切り取る

シングル咲きなどの花弁の少ない種類は、蕾が開き始めたころ切り取るようにします。花弁の重ねの多いものは、十分に開いたものを切り取ります。切り取る時間は、朝か夕方です。

茎の肉壁が厚いものほど水あげがよいので、肉厚の品種が切り花に最適です。茎が長いと水をあげにくいので、なるべく茎は短く使います。

切り花の処理

切り取ったダリアは、水中で鋭利なハサミを使い切り直します（水切り）。葉の量が多いと、蒸散が多くしおれやすいので、花の下の1節の葉だけを残し、ほかはかき取りましょう。

清潔な花瓶を使う

茎の切り口が腐り、水の吸収が阻害されると水あげしにくくなるので、水を腐らせないようにすることが大事です。そのため、花瓶は内部をよく洗い清潔であること、水は毎日替えることです。また、水を腐らせないため「切り花延命剤」の使用もおすすめです。

外側の花弁が傷んだ花は、花弁を抜き取ると、ほかの花弁が散りやすくなります。傷んだ花弁は抜き取らずにハサミで切り取るようにします。

ピンクから紫まで、さまざま花形のダリアのアレンジ。自分で栽培しているからこそできる組み合わせ。

（上２点）水あげが心配な大輪ダリアは、茎を短くして花だけを使う。ほかの植物の葉や枝を組み合わせて、季節感を演出する。

かわいらしいポンポン咲きのダリアだけで、楽しげな雰囲気のアレンジ。

ダリアの花形

ダリアは、１種類の植物なのかと感心してしまうほど、さまざまな咲き方をします。その花弁の変化の多さに自然の不思議さを感じます。

「日本ダリア会」では、17種類の花形に分類していますが、なかにはどちらともいえない咲き方をするものもあり、気象条件や栽培条件によっては本来の特徴が現れないこともあります。

H.Imai

球宴（キュウエン）　中大輪。高性。

JBP

リド　大輪。中高性。

H.Imai

フェアウェイ・パイロット　超巨大輪。

フォーマル・デコラティブ咲き（FD）

　ダリアの代表的な花形です。完全な八重咲きで、規則正しく配列した舌状花は、幅が広く平らで、花弁の先端がややとがります。最近の品種のなかには、花弁が多く、多少内側に巻くのでボール咲きに見える品種もあります。

　250 枚も花弁数がある花もあります。端正な感じがします。

H.Imai

マタドール　中輪。中性。

H.Imai

吹雪（フブキ）　中小輪。中性。

H.Imai

ブラック・キャット　中輪。中高性。

H.Imai

影ぼうし　中輪。中性。

インフォーマル・デコラティブ咲き（ID）

完全な八重咲きで、花弁が平らではなく、部分的によじれたり、巻いたり、波状、外反し、配列は不規則です。

重厚さのなかもに動きのある花形です。

H.Imai

紫炎（シエン） 中輪。中高性。

H.Imai

艶舞（エンブ） 中大輪。高性。

インカーブド・カクタス咲き（IC）

舌状花の花弁の長さの半分以上が外側に巻き、弁先はとがります。花弁が中心部へ向けて内側に湾曲します。

軽やかで、舞っているような雰囲気のする花形です。

H.Imai

光輝（コウキ） 中大輪。中高性。

H.Imai

スターズ・レディ 小輪。矮性。

ストレート・カクタス咲き（STC）

完全な八重咲きで、舌状花の花弁の長さの半分以上が外側に巻き、先端はとがるかまっすぐで中央から放射状に伸びます。

H.Imai

ソフト・ムード　中大輪。中性。

H.Imai

日和（ヒヨリ）　中輪。中性。

スイレン咲き（WL）

八重咲きですが、花弁数は少なめで、花弁の幅が広くまっすぐか、わずかに盃状です。側面から見ると「平ら」から「皿状」。咲き始めの花芯は丸く固く閉じていることが特徴です。

JBP

恋祭り（コイマツリ）　中大輪。中性。

H.Imai

炎冠（エンカン）　巨大輪。中高性。

セミ・カクタス咲き（SC）

カクタス咲きより花弁の幅が広く、花弁の長さの半分以下が外側に巻きます。カクタス咲きより花弁に力があり、質量感があります。なかには、カクタス咲きと判別が難しいものもあります。

M.Yamaguchi

ブロンズ・ビューティー　極小型。中性。

ポンポン咲き（P）

直径 5cm 以下の球形の花で、花弁の先が丸く、長さの ½ 以上が内側に巻き込んでいる花形です。

H.Imai

美月（ミツキ）　大型。中矮性。

M.Yamaguchi

童心（ドウシン）　中輪。中高性。

フリル咲き（LC）

完全な八重咲きで、弁先がいくつかに分裂した裂弁をもちます。花弁全体に内反や外反があり、さらに裂弁も波打ち、非常に繊細な雰囲気の花形です。

H.Imai

シニア・ボール　極大型。中性。

ボール咲き（BA）

完全な八重咲きで球状で、花弁の ½ 以上が内側に巻き、管状で先端は「丸」から「ぎざぎざ状」になります。直径 5 ～ 10㎝のボール咲きを**ミニチュアボール咲き（MB）**と区別します。

M.Yamaguchi

ル・クロッコ　小輪。矮性。

M.Yamaguchi

ロキシー　小輪。中性。

シングル咲き（S）

花弁の形、大きさ、組み方が均一であり、8 枚以上が外側に 1 列並び、花芯があります。花弁が中心から 1 枚の平面に収まるように放射状に出ているものがよいとされています。

H.Imai

アルペン・パール　小輪。高性。

M.Yamaguchi

朝日丁子(アサヒチョウジ)　小輪。中性。

アネモネ咲き（AN）＝丁字咲き、吹き詰め咲き

花芯部分の筒状花の管が長く伸びドーム状になり、1 ～数列に並んだ外側の花弁が取り囲んでいます。花芯が外に現れることはありません。

H.Imai

あげは　小輪。高性。

M. Yamaguchi

ジャパニーズ・ビショップ　小輪。中矮性。

M.Yamaguchi

うるおい　小輪。中性。

M.Yamaguchi

華すみれ（ハナスミレ）　小輪。中矮性。

コラレット咲き（CO）

８枚以上の花弁が外側に均一に整列するシングル咲きですが、その花弁の内側基部に副弁（カラー）が発達しています。副弁の大きさや形、色変わりと変化のある花形です。

ピオニー咲き（PE）

半八重咲きで、幅広花弁が大きく波打ち、花芯部分が露出します。通常、花芯は黄色ですが、なかにはこげ茶色のものもあり、花弁とのコントラストに違った味わいがあります。

M.Yamaguchi

木星（モクセイ） 小輪。中高性。

H.Imai

雄和小町（ユウワコマチ） 極小輪。中性。

ステラー咲き（ST）＝ダブル・オーキッド咲き

オーキッド咲きの半八重〜八重タイプの咲き方です。オーキッド咲きのように花弁の内と外の色違いや、花弁の長さにより、趣が異なります。

M.Yamaguchi

秋田の光（アキタノヒカリ） 中大輪。中高性。

M.Yamaguchi

バーレイ・ポーキャパイン 極小輪。中性。

ノベルティ咲き（NOV）＝特殊咲き

完全な八重咲き種で、前記のどの花形の分類に含めることができない特色をもった咲き方です。

M.Yamaguchi

ハイ・ライトリー 小輪。中矮性。

H.Imai

ホンカ 小輪。中性。

オーキッド咲き（O）

シングル咲きで、花弁が内側に強く巻き、先端はとがります。花弁の内側と外側の色違いもあり、ユニークでシャープな花形です。

多彩な花色

ダリアほど多様な色彩をもつ花はないでしょう。青色と完全な黒色を除けば、ありとあらゆる色合いをもつ花です。さらに、ダリアの花弁は、光沢のある冴えて澄んだ色彩なので、自然光の下はもとより、室内などの人工光の下でもよく映え輝きます。

花をよく観察すると、花弁は単色だけではなく、絞り・斑点・覆輪・爪白であったり、1枚の花弁の元と先端の色が異なる2色咲き、さらに3種類の色があるものなど、複雑でにぎやかな組み合わせをもつものが多数あります。

白、クリーム色、黄色、赤、ピンク、濃桃色、橙色、ラベンダー色、紫、濃赤色（黒）、2色咲き（爪白）、絞り咲き、淡いぼかし、濃いぼかし、フレーム（赤と黄色）が、代表的な色です。

花形と同様、気候や栽培状況により、ダリア本来の色合いが現れないことがあります。特に気温の高い夏は、くすんだ色になってしまいます。また、冬に鉢栽培で楽しむ場合、温度と日の光が十分でないので、色あせするものがあります。

ダリアの花色は、冷涼な気温で一番の美しさを発揮します。

咲き分けする品種‘プリンセス・ダイアナ’。

主な花色

白

'パール・ライト'

クリーム

'晴天の星'

黄色

'カナリア'

赤

'セリーネ'

ピンク

'真心（まごころ）'

濃桃色

'トゥーランドット'

‘ミズ・ノアール’

H.Imai

‘里の灯’

M.Yamaguchi

‘おやまばやし’

H.Imai

‘ブルー・ベル’

M.Yamaguchi

‘ミンガス・マリー’

H.Imai

‘アミーゴ’

H.Imai

'夢水蓮'

H.Imai

'ムーン・ワルツ'

H.Imai

ダリアの香り

ほとんどのダリアの花には、香りがありません。鼻を近づけてみても、ただ青臭いにおいがするだけです。「この美しい花に、バラのようにすばらしい芳香があったら……」と、だれもが思います。

そんななか、香りがするダリア'セント・バレンタイン'という、黒い一重の花が咲くダリアが販売されるようになりました。甘いチョコレートの香りだとか。

この品種は14時間以上の日長の冷涼な気温で開花し、香りもするといいますが、長日期に気温の高い関東地方以西では、開花も香りも難しいのが残念です。

本来の花の香りではないのですが、シングルやコラレット咲きのように花芯があるダリアのなかには、花粉の香りが強い品種があります。その花のそばに寄ると、粉っぽく甘い香りが漂ってきます。

Y.Itoh

'セント・バレンタイン'

花壇に適したタネから育てるダリア（種子系ダリア）

ダリアは、一般的には春植えの球根植物として扱われますが、春まき草花として、数品種のタネが販売されています。タネまきから育てても数か月後には花を咲かせます。ダリア特有の澄んだ色合いの一重から半八重の花が咲く、多花性の矮性種です。一度にたくさんの苗をつくることができるので、花壇で色とりどりに楽しむにはうってつけです。代表的な品種に「ハーレークイーンシリーズ」や「ピンボールシリーズ」などがあります。

春まき草花といっても、ほかのダリアと同じように秋には球根もできますし、翌年にはさらに充実して、立派な花を咲かせてくれます。

H.Imai

M. Yamaguchi

(上) ハローシリーズ‘スカーレット・シェード’
赤と緑のコントラストが目を引く。

(右) タネから育てたダリア (2年目)。大株になり、6月初旬から次々に花を咲かせる。

(上) 色とりどりのダリアを植えたにぎやかで元気あふれる夏花壇。

M. Yamaguchi

(右) ハローシリーズ‘ホワイト・シェード’を中心にピンクの小花とシルバーリーフの清楚な組み合わせ。

ガーデンダリア

ガーデン用ダリアは丈低く多花性で庭植えに最適。品種はギャラリーシリーズ‘アート・フェア’。

ダリアを庭でほかの花たちと組み合わせて楽しみたいときは、ガーデン用として改良された草丈が50～70㎝程度で、極小～小輪の花をたくさん咲かせるタイプがおすすめです。

このグループは、植えつけから開花までの期間が短く、茎が太く頑丈なので支柱も少なめで大丈夫です。一重から八重咲きまでさまざまな花色、花形の品種があります。コンパクトに育つので、鉢植えで楽しんでもよいでしょう。

庭植えには芽が多数ついている大割りにした球根を植え、株立ちで育てるとボリュームが出ます。摘心後は摘蕾・芽摘みをせず、病害虫と茂りすぎによる蒸れに注意しながら育てます。

黒葉ダリアの魅力

M.Fukuda

ライム色の葉と組み合わせた'ミッドナイト・ムーン'。黒葉がいっそう極立つ印象的な寄せ植え。

黒紫色の葉をもつダリアは、その葉色と鮮やかな花色とのコントラストがインパクトに富むばかりでなく、シックで洗練された雰囲気をも醸し出します。黒葉だけを群植してもよいですし、ライム色やシルバーの葉をもつ花と組み合わせると個性的な花壇や寄せ植えになります。

葉色は品種により濃淡があります。ほとんどの品種が小輪多花で草丈は矮~中性です。摘心仕立てで摘蕾せず、花を数多く咲かせましょう。多くの品種は冷涼期に最も葉色が冴え、高温期に葉色があせてしまいますが、'華すみれ'だけは、真夏にますます黒みを増し、ホットカラーの夏花壇の引き締め役にぴったりです。

ダリアの自生地

ダリアのふるさとは、メキシコ中央部の標高1500〜4300ｍの高原です。肥よくな多孔質で水はけのよい弱酸性の土壌で、よく日の当たる草原に、サルビア、ビデンス、コスモスなどの植物とともに点々と生育しています。

メキシコの高原は、平均最低気温６℃〜最高気温26℃ほどの、冷涼・温暖なところです。また、ここは1年の気候が雨季と乾季に分かれます。ダリアは雨季の始まる５月ごろに生育を始め、乾季になる11月ごろに低温と乾燥などで地上部が枯れ、休眠に入ります。

生育中は、穏やかな日光、夜間の冷涼な気温、日中のスコールという環境の中、ほかの植物を支えとしながらのびのびと生育しています。休眠中は乾燥しますが、土壌が凍ることはありません。

先祖が生まれ育った自生地の環境を、現在栽培されているダリアの園芸種も忘れてはいません。生育中は冷涼で温暖な気候を好み、水を欲しがりますが、滞水することは嫌います。

ダリアは関東地方以西の夏の暑さを苦手とします。特に地温の上昇を嫌い、地温が35℃を１週間以上超えると腐敗して枯死してしまいます。生育中（特に開花中）に水切れを起こすと花や蕾を傷めてしまうことがありますが、株全体が枯死するようなことはまずありません。

コスモスやウチワサボテンと混生する野生のダリア・コッキネア（メキシコにて　撮影・奥隆善）。

メキシコシティーと東京の月別平均気温

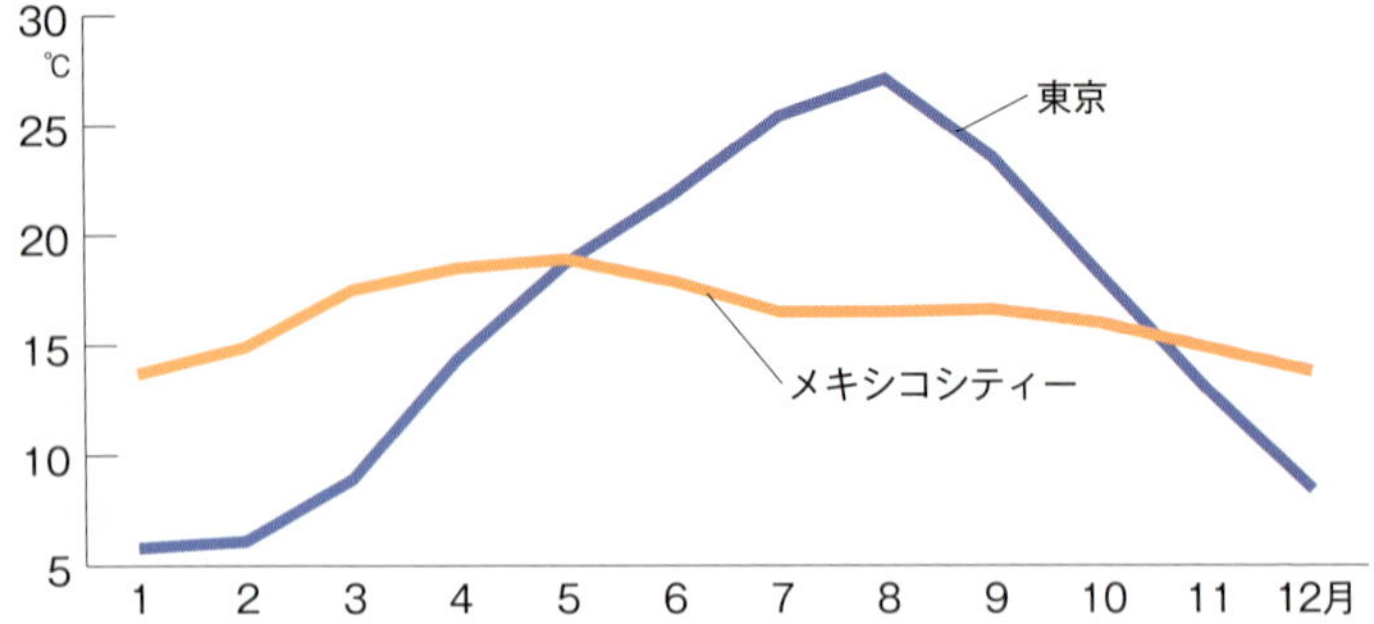

メキシコシティーと東京の月別降水量

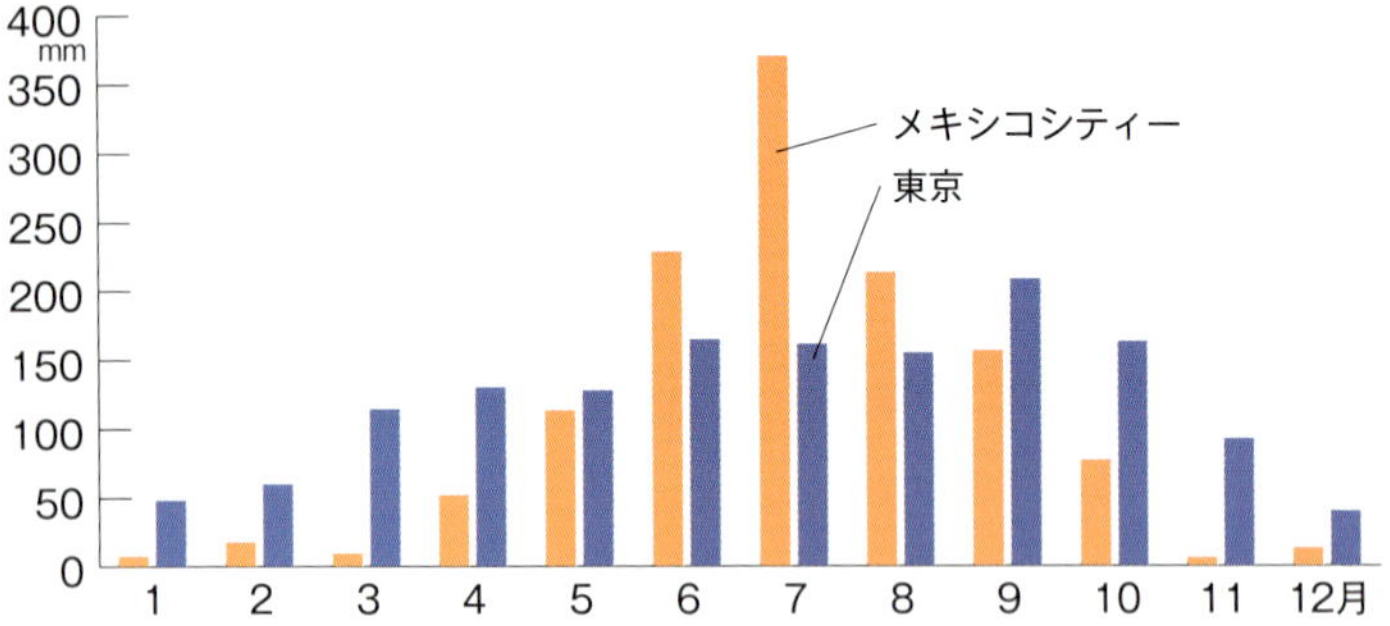

メキシコシティーと東京の月別平均日長時間（日の出、日の入りから算出）

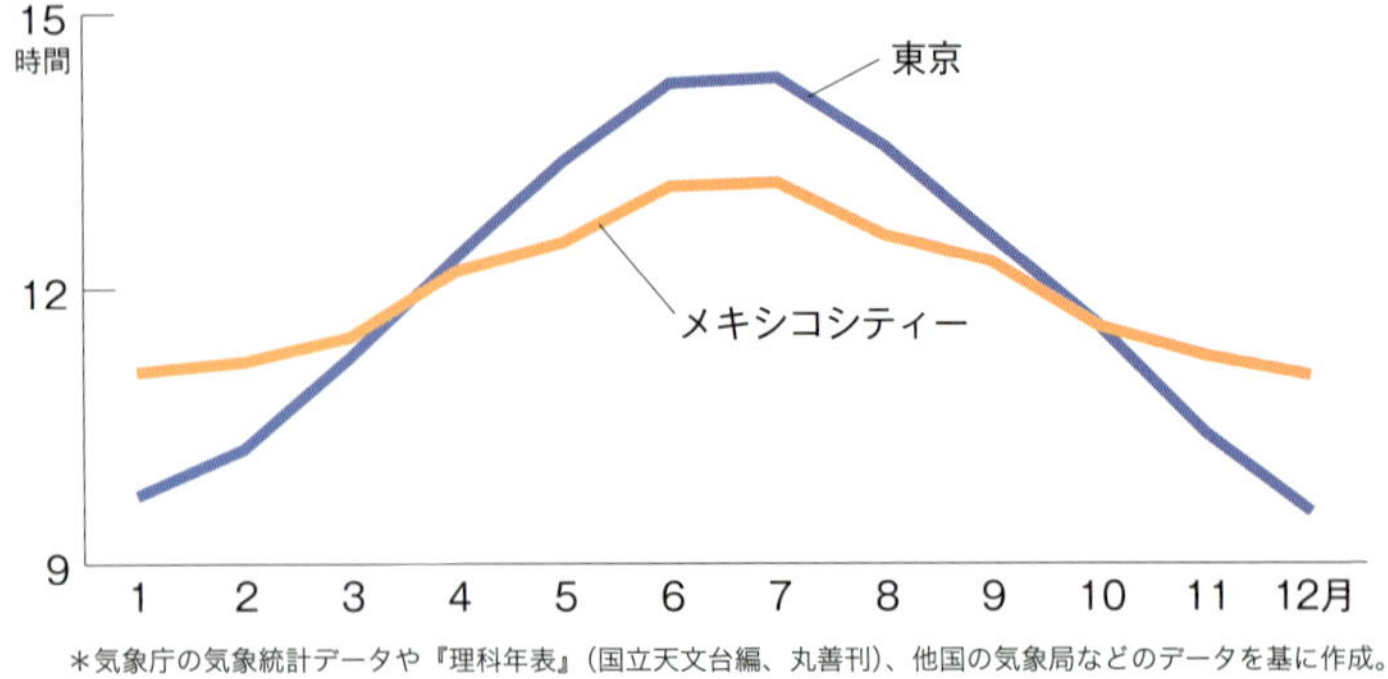

＊気象庁の気象統計データや『理科年表』（国立天文台編、丸善刊）、他国の気象局などのデータを基に作成。

ダリアという植物・その形態

ダリアはキク科ダリア属の多年草で、地下に根が肥大した塊根（球根）をもちます。

花　花は、キク科特有の小さな花が集まって、1つの〝花〟を形づくっています。

一重（シングル）の花では、周囲に1枚の花びらのように見える舌状花が8枚並び、中心は筒状（管状）花が集まって花芯になっています。舌状花にはタネができず、筒状花にタネができます。八重咲きは、すべてが舌状花になったものなので、花芯はありません。

タネ　ダリアのタネは、小輪種では長さ5㎜ほど、大輪種では2.5㎝ほどになります。

茎　茎はまっすぐ伸び、中空で太く、大輪種では直径3～4㎝にもなります。茎の肉壁が厚いほど水あげがよく、切り花向きです。

基部は細く、中央部が最も太く、先端へいくと細くなります。そして、茎の上部の数節からわき芽を伸ばし、先端部へいくにしたがいボリュームが増します（上部開張型）。

茎の基部の2～3節はしっかり詰まり充実していますが、そこから上の茎は中空です。節の部分には仕切りがないため、茎を切ったあとに

M.Yamaguchi
ダリアのタネ。先端にツノがある。

ダリアの花の構造

M.Yamaguchi

ダリアの花弁（舌状花）のいろいろ

H.Imai

雨水などが入り込むと、基部にたまって腐敗することがあります。

一般的に、鉢物用品種などの節数の少ない草丈の低いもののほうが、開花までの日数が短いといわれています。

根 茎の基部からみずみずしく細い根が放射状に伸び、地表面近くを浅く横に広がります。ダリアの球根は、この根の一部が肥大したもので「塊根」と呼ばれます。

球根（塊根）がついている茎の部分を「クラウン」と呼び、この部分に芽がついています。塊根自体から芽を伸ばすことはありません。そのため、分球するときは、クラウンについている芽を確認しながら行います。

M. Yamaguchi

茎の基部から新根を出す。

葉 葉は対生し、各節に1対になってつきます。小さな葉がたくさんついているように見えますが、1枚の葉が何枚にも分かれる羽根形の葉形（羽状複葉）をしています。小型種では、葉長7cmほど、皇帝ダリアは80cmほどの長さになります。

H. Imai

ダリアは葉の形もさまざま。

ダリアの来歴

メキシコからヨーロッパへ

　野生でも美しい朱赤や桃色の花を咲かせるダリアは、古くからアステカの人たちに楽しまれていました。すでに八重咲き種が栽培されていたようです。また、薬や家畜の飼料としても利用されていたともいわれています。

　ヨーロッパへは球根ができるので、当初は食料として持ち込まれたようですが、イヌリンを主成分とするダリアの塊根は、食料としてはまずくて不適であったため、しばらくは忘れ去られていました。

　現在楽しまれているダリアは、当時メキシコを支配していたスペイン人によって、スペインのマドリード植物園に18世紀後半（１７８９年）にタネが送られ、紫色の半八重咲きと一重バラ咲きの2種が咲いたとの記録が残っています。園長のカバニジェスにより、若くして亡くなったリンネの弟子ダール（Andreas Dahl）氏にちなんでダリア（*Dahlia*）という属名が与えられて栽培が始まり、ヨーロッパ各地へと広がっていきました。

　その後、さらにメキシコから新しい形質をもつダリアがヨーロッパへ送られたことにより、さまざまな花色や花形のダリアがつくり出されました。19世紀の中ごろには、１５００品種以上の記載が見られるほどです。

園芸古書に見るダリアの来歴

『バディアヌス・マヌスクリプト』アステカ王国の本草書をラテン語に翻訳したもので 1552 年に刊行された。ダリア・コッキネア（原種）と考えられる植物（右）が原色で描かれている。同書は長くバチカン宮殿図書館に保存されていたが、1931 年にクラーク教授によって発見された。ダリアに関する最も古い資料の一つといえる。

『ボン植物園植物コレクション』（1831 年刊）。メキシコからドイツにダリアのタネが送られ、ベルリン植物園において改良が始まったのは 1804 年のこと。わずか 30 年足らずで、これだけ変化のある花が出現していることが分かり、興味深い。

『スペインに野生または栽培される植物の記載と図解』　新大陸からの植物コレクションを記録したもので、マドリッド植物園長のアントニオ・ホセ・カバニジェスにより 1791 ～ 1801 年まで出版された。1 巻（1792 年）第 80 図版には、ローズ色、半八重咲きのダリア・ピンナタが描かれている。

『フローリスト・ディレクトリー　草花の栽培専門書』1822 年。イギリスで種苗園を営んでいたジェームス・マードック父子によって刊行。ダリアの栽培に関する記述も見られ、1808 年には八重咲きダリアが育成されたことが図版入りで記録されている。

『本草通串證圖（ほんぞうつうかんしょうず）』 前田利保（富山藩主）著　嘉永 6(1853)年。「天竺ボタン。近年舶来のもの」とある。

『日新會寫生』（にっしんかいしゃせい） 藤沢光周著　嘉永 6(1853)年。前田利保が開催した展示会の出品記録。

『遠西船上花譜』 馬場大助著 関根雲停画 安政2（1855）年3月 「ラノンケル」「天竺牡丹」の図。

ヨーロッパから日本へ

日本へは、江戸時代末期の天保12（1841）年以前にオランダ船によりタネがもたらされ、「天竺牡丹」や「ラノンケル」の名で呼ばれました。

その豪華で美しい花は、好奇心おう盛な江戸の花好きの人々の心をとらえ、江戸の町で大いに人気を博したようです。

明治維新の混乱期でもその美しさで人々を魅了し、明治中期にはヨーロッパより新しい品種の球根が導入され、栽培が盛んになっていきました。明治後期には国内での新品種の改良も盛んになり、日本オリジナルの品種がつくり出され、種苗カタログにダリアが記載されるようになりました。

大正時代から昭和10年代にかけては、日本的な品種がつくり出され、各地で品評会も開催されてダリアブームがあったほどです。

育種家が追い求める未来のダリア

ダリアがヨーロッパに伝えられて200年余り。それ以来、これまでつくり出された品種数は、3万とも4万ともいわれています。しかし、その膨大な数の品種も今では残っていません。ダリアはウイルス病にかかりやすく、一度罹病すると徐々に弱り、やがて絶えていくということを繰り返しているからです。

江戸末期に渡来して以来、日本でも改良が進み、大正期以降には日本独自の品種が作出されました。多くの名花が世に送り出されましたが、ご多分にもれず、現在では、その美しさを写真でしか見ることができないものがほとんどです。

このように品種の栄枯盛衰は激しいのですが、品種の亡失の早さにも増して、育種家の努力により、毎年新しい品種が発表され続けています。

現在では、ダリアは花の斬新さばかりでなく、暮らしや環境に適応した、耐暑性・耐陰性があり、栽培管理が容易で、多目的に使えるなどの高度な目標をもった改良がなされています。

その要求に1歩近づいた品種'マーヤン・パール'がイギリスから発表されました。残念ながら、日本で発売される予定はありませんが、これを親として改良が進められていますので、数年後には、ダリア界の新星として一世を風靡する品種が現れるかもしれません。

M.Yamaguchi

美しい桃色のスイレン咲きとステラー咲きをミックスしたような花形の'マーヤン・パール'。

12か月の管理と作業

秋桜（あきざくら）。黒葉系。シングル咲き。

H.Imai

（関東地方以西基準）

6月	7月	8月	9月	10月	11月	12月
開花		生育緩慢		開花	生育	休眠
新芽のさし木 ・蕾・葉の整理 支柱立て	切り戻し マルチング材を敷く	日よけ	芽摘み、わき芽・蕾・葉の整理 支柱立て・補強			貯蔵 掘り上げ
	発芽		生育			開花
植えつけ 分球・芽切り	マルチング材を敷く	芽摘み、わき芽・蕾・葉の整理	支柱立て			貯蔵 掘り上げ
	乾燥時にはたっぷり与える					
追肥			追肥			
元肥			追肥			
食害害虫 病気		ダニ類	吸汁害虫 病気			
	風通しのよい明るい日陰			日当たり		
与える。水切れは厳禁		乾いたら	たっぷり与える。水切れは厳禁		与えない	
追肥 週に１回、液体肥料			追肥 週に１回、液体肥料			
		生育緩慢		生育 花芽分化	開花	休眠
葉の整理	支柱立て	乾燥時は夕方に水やり	元肥	支柱の強化		
植えつけ 新芽のさし木						茎の貯蔵

年間の管理・作業カレンダー

月		1月	2月	3月	4月	5月
春植え	生育		休眠	球根目覚める	生育	発芽
	主な作業		球根の貯蔵	掘り上げ・分球	植えつけ	芽摘み、わき芽
夏植え	生育				休眠	
	主な作業			掘り上げ・分球	球根の貯蔵	
水やり						
肥料	春植え			元肥		
	夏植え					
病害虫の防除						吸汁害虫
鉢植えの管理	置き場					日当たり
	水やり				乾いたら	たっぷり
	肥料				元肥	
皇帝ダリア	生育		休眠		発芽	生育
	主な作業				元肥 苗の植えつけ	芽の整理
	繁殖		茎の貯蔵	茎伏せ、茎さし木	掘り上げ・分球	

1月

寒いこの時期は休眠中ですから、ほとんど手をかける必要はありません。ただし、冬越し中の球根は、ときどき箱を開けて球根の様子を観察しましょう。

H.Imai

'ふくよか'　濃桃色のボール咲き。極大型。草丈は中高性。

1月のダリア

ダリアは球根の状態で休眠中です。植えたまま越冬中のものは、庭植え、鉢植えとも、そのままの状態を保ちます。

●管理・作業

掘り上げて、保存しているものは、ときどき箱を開けて乾きすぎていないか、カビが生えていないかを確認します。保存用資材（ピートモスやバーミキュライトなど）が乾燥しすぎているようなら、霧吹きなどでやや湿り気がある程度に保湿します。

保存中の皇帝ダリアの茎もしおれ、カビ発生などの異常がないかを確認しておきましょう。

●鉢植え

近ごろ、ダリアを一年中開花させることができるようになり、少量ですが冬期にダリアの鉢物が流通するようになりました。気温が低いため、花の寿命も長く、1輪を1か月近く楽しむことができます。さらに、管理のコツさえつかめば、春を越して秋まで開花が続きます。

置き場　鉢物を入手したら、日当たりのよい室内で夜間温度8～12℃、日中18～25℃を保ちます。ただし、1日14時間以上の連続した明るい時間がないと蕾をつくらなくなるので、昼間と連続して14時間は明るい時間をつくります。新聞が読める以上の明るさが必要です。

水やり、肥料　乾いたら十分に水を与え、10日に1回は液体肥料を水代わりに施します。室内は、空気が乾燥するためダニが発生しやすいので、予防のため葉裏への霧吹きを励行します。

鉢植えの管理・作業　咲き終わった花は、芽を確認しながら切り戻し、下部の芽を育てると1か月ほどで開花します。霜の心配がなくなったら、徐々に直射日光に慣らしながら屋外に出し、二回り大きな鉢に植え替えるか、庭植えにすると、秋まで花を楽しむことができます。

冬に室内で開花させると、花色や花形・花弁の枚数が適期に咲かせたものと異なってしまうものがあり、まったく別の品種かと見間違うほどです。その変化を楽しむのも一興でしょう。

H.Naitoh

冬（1月中旬）の鉢物‘ブラック・キャット’。

2月

一年中で一番寒さが厳しい月です。ダリアの球根は、前月に引き続き、保存・越冬中の場所で春を待っています。

2月のダリア

1月に引き続き、球根のまま休眠中です。

●管理・作業

1月同様、貯蔵中の球根や皇帝ダリアの茎に異常がないか、ときどき箱を開けて確認します。貯蔵中の温度が10℃を超えると芽が動き始めるばかりでなく、春からの生育が思わしくありません。5℃前後の場所で保管しましょう。

段ボール箱などで貯蔵中の球根は、乾きすぎに注意が必要ですが、鉢や地植えにしたままの球根は雨や雪による過湿に注意します。乾燥気味ならば周囲が0℃になっても凍って腐ることはありませんが、過湿時には球根まで凍害を受け、腐ってしまうことがあります。

圃場《ほじょう》の準備　ダリアを植えて楽しみたい場合は、今月中から植えつけ場所の土壌改良に着手します。昨年もダリアを栽培した場所では、地中の古い茎や根が残らないよう取り除き、堆肥や腐葉土をよく混ぜ込んで土になじませます。

栽培計画を立てる　前年度のダリアの様子を振り返り、今のうちに反省点や今年の栽培の予定を立てます。花壇やコンテナでのデザイン・色彩などダリア以外の植物も含めた1年を通じた総合的な植栽・栽培計画を立てましょう。

3月

太陽の光が明るくなるとともにクロッカスやムスカリなど早咲きの秋植え球根類が次々に花を開き、生命の躍動を感じる季節です。ダリアの球根もそろそろ目を覚まします。

M. Yamaguchi

芽がふくらんできたダリア。昨年の茎の基部に芽をもっている。

3月のダリア

ダリアの球根は気温の上昇とともに春を感じ取って、保存してあるものも植えっぱなしの球根も、目を覚まし始めます。初冬に掘り上げたときは、芽がわかりませんでしたが、3月に入りますと1～2㎜ほどにふくらんできています。また、植えっぱなしのものも、土中で芽がふくらみ始めています。

球根を入手する時期　3月初旬ごろから店頭にダリアの球根が並び始めますし、通販での販売もこのころから始まります。今年、栽培した

JBP

今から開花の様子を頭に描き、植栽計画と、植えつけの準備は早めに済ませておきたい。

い品種を吟味する楽しいときです。人気の品種は売り切れてしまうことがあるので、早めに手配しておきましょう。

球根の入手の際は、芽のあるなしや球根の状態をよく確かめて選びます。

そろそろ植えつけの季節　ソメイヨシノの蕾が白くふくらみ始めたころから植えつけ可能時期に入ります。この時期に植えたものは、地上部に芽が出てくるまでに1か月以上かかります。

●管理・作業

掘り上げ、分球　庭や鉢に植えたまま冬越しさせた掘り上げ予定の株は、3月中に掘り上げます。また、箱に入れて保存してある球根も取り出し、芽を確認しながら分球を行います。

分球したものは、植えつけ時期まで、越冬時の貯蔵と同様に再度保存しておきます。

植えつけ場所の準備　春からの植えつけを予定しているものは、植えつけ場所の準備に入ります。水はけが悪い場合は水はけがよくなるよう工夫をします。

堆肥を加えるなどの土壌の調整は、植えつけ予定の2週間以上前に行います。

催芽処理　早く花を楽しみたい場合は、3月中旬ごろに、育苗トレイに球根を伏せて芽出しを行います。5㎝ほど芽が伸びたものを庭植えにすると、生育が早く始まり開花も早まります。

●鉢植え

鉢植えは、植えつけてから南向きのベランダや日の当たる室内に置くと、発芽が早められ、花を早く楽しむことができます。

★皇帝ダリア

保存しておいた茎の芽が大きくなり始めているものもあり、今月中に茎ざし、茎伏せを行います。

3月

4月

芽が動き始める季節です。中旬を迎えると植えつけの適期となります。新芽が伸び出すと、害虫の食害も活発になるので注意しなければいけません。

JBP.
種子系ダリアのポット苗。

4月のダリア

初旬から中旬は、まだ地上部には何の変化も現れませんが、土中では、だいぶ芽がふくらんできています。下旬になると、生育の早いものは地上に芽を出し始めます。

鉢物ダリアや種子系ダリアのポット苗が店頭に出回るようになりますが、まだ気温が低いので、入手したら日当たりのよい暖かい場所で管理します。鉢植えで育てる場合は二回りほど大きな鉢に植え替えますが、庭に植えるときは、ヤエザクラが終わるころまで待ちます。

●管理・作業

4月初旬までは、球根の掘り上げ、分球が可能ですから、まだ、この作業が終わっていない場合は、早急に済ませます。

球根の植えつけ　地植え作業の最適期は、ソメイヨシノが散ったころからです。植えつけ場所の調整・整備が終わっていない場合は、植えつけ予定の2週間前までに終わらせておきます。

植えつけ時に元肥として緩効性化成肥料を規定量施しますが、植えつけ後の水やりは必要ありません（植えつけ作業は84ページ参照）。

病害虫の防除　気温の上昇とともに害虫の活動が活発になり、地上に出てきた柔らかく新鮮な芽は、食害害虫の好物です。毎日よく観察し、早めの防除に努めましょう。予防のため株元に浸透移行性殺虫剤の散布を、植えつけ時あるいは、植えつけ後～2週間ほどの間に行います。

タネまき　ヤエザクラが咲くころからダリアのタネまき適期に入ります。タネは6月下旬ごろまでまくことが可能です。

●鉢植え

鉢植えで育てる場合も球根の植えつけを今月中に行います。植えつけたあとは、日なたで、水を与えすぎないよう管理します。

★皇帝ダリア

皇帝ダリアの苗が4月中旬ごろから店頭に並びます。まだ、苗が小さく気温も低いため、入手したら、5～6号ポットに植え替え、日のよく当たる場所で管理します。液体肥料を施しながら30cmほどに伸びるまで育てたあと、目的の場所に植えつけます。

気温の上昇とともに植えたままの株は地上に芽を出し、茎伏せ・茎ざししたものも、新芽が勢いよく伸び出します。

5月

4月に引き続き、植えつけの適期です。1球から数本の芽が伸び出た場合は、弱い芽をかき取って込みすぎるのを防ぎます。摘心仕立てにする場合は、芽摘みを行う時期です。

M. Yamaguchi

大型連休前後に出回る蕾つきのポット苗。

5月のダリア

気温も上がり、ダリアはいよいよ成長の時期となります。ひと雨ごとにぐんぐん生育する姿に、今年の花が期待されます。

大型連休前後には、多品種のポット苗や鉢物が店頭に並びます。求める場合は、花色や花の大きさばかりで選ばず、草丈や用途（切り花用、花壇用など）のチェックも忘れず行うことです。入手したら、早めに大きな鉢に植え替えるか、花壇などに植えつけましょう。

●管理・作業

球根の植えつけ適期です。夏前に花を楽しみたいときは、中旬までに植えつけます。寒冷地では、下旬ごろから植えつけ時期に入ります。
１球から数本の芽が伸びてくるものもありますが、元気のよい芽1~2本を残し、弱い芽は、元からかき取るようにし、込みすぎを防ぎます。

摘心　摘心仕立てで育てるものは、株元から3~4節伸びたところで、中心の芽を摘み取ります（摘心仕立ては88ページ参照）。

病害虫の防除　気温も上がり病害虫の活動が活発になってきます。まめに観察し早めに防除します。新芽を食害するネキリムシや、吸汁するアブラムシなどが発生します。

M. Yamaguchi

摘心仕立てにするときは、株元から３～４節伸びたところで、中心の芽を摘み取る。

中旬以降になると、日当たり、風通しの悪い場所ではうどんこ病の発生が見られます。

さし木　5月上旬から梅雨明けまでが適期です（100ページ参照）。

●鉢植え

植えつけ　鉢への植えつけは、今月も可能です。

置き場　日当たりと風通しのよい場所で管理します。

水やり　4月に植えたものは、ぐんぐん成長を始め、水をよく吸収します。鉢土の表面が乾いたら、たっぷり水を与えます。

★皇帝ダリア

風通し、日当たり、水はけのよい場所に、腐葉土や元肥をすき込んだのち植えつけます。長日だと花芽ができないので、街灯や門灯などで夜間明るい場所は避けてください。
鉢植えなら、10号以上の大鉢を使用します。

6月

中旬ごろから梅雨期に入り、水が好きなダリアの日ごとにぐんぐん伸びる姿が見られます。青々と茂った葉に、ダリアの生命力を感じるときです。

M.Yamaguchi

'ペチカ' スイレン咲きの中大輪。中性。

6月のダリア

生育に適した気温と十分な雨で、いよいよ、本格的な生育期に入ります。3月から4月に植えた早生の品種では、先端部に小さな蕾が見え始め、蕾がふくらんでくる様子にわくわくするときがやってきました。中旬ごろから開花を始めますが、ちょうど梅雨期に入るため、雨によって花が傷むこともあります。

●管理・作業

わき芽かき、摘蕾 生育が盛んで次々にわき芽が伸び繁茂します。中輪以上の品種は株元の1

～2節のわき芽だけを残し、中～上部の節から出るわき芽は、3～5㎝くらい伸びたところを手でかき取るように摘み取ります。

最上部の節から出る3本の蕾も、中輪以上のものは中心蕾だけを残し早めに摘み取ると、大きな花を咲かせることができます。ただし、花は少し小さくなってもたくさん咲かせたいときや小輪種では、中心蕾を摘み取り、わきの2本の蕾を咲かせてもよいでしょう（90～91ページ参照）。

下葉の整理　地面から2節ほどの葉は、泥はねなどにより腐って汚らしくなるうえ、株元の通風を悪くし、病気などが発生しやすくなります。そのため、茎が5節以上伸び、上部2～3節の

M.Yamaguchi

上部の節から３本の蕾が伸び出る。中輪以上の品種は中心蕾を１本だけ残して摘蕾するが、たくさん咲かせたい小輪種は中心蕾を摘み取り、２本の側蕾を育てる。

6月

支柱立て

支柱は開花時の見栄えを考慮して、花の位置よりも下で収まるようにする。

4〜6枚の葉が十分に広がったのち、下部2節の葉はかき取ります。

支柱立て　30〜50㎝ほどに丈が伸びたら、倒伏防止のため支柱を立てます（92ページ参照）。

花がら摘み　花が終わりかけたら、花首のところからむしり取ります。花弁が葉の上に落ち腐るとそこからカビなどが発生するので、散った花弁も取り除きます。

終わりかけた花は、花首のところからむしり取る。

さし木　さし木の適期です。伸びすぎてしまったわき芽は、さし穂として利用できるので、捨てずにさしてみましょう（さし木作業は100ページ参照）。

追肥　植えつけ時の元肥がそろそろ効果切れの時期です。そこで中旬ごろになったら、花・実用の緩効性化成肥料を株の周囲に施します。

ダリアの根は、浅く横に広がって伸びますので、追肥を施すときは、広がっている葉の先端の下あたりにぐるりと1周施すようにします。

病害虫の防除　梅雨どきは病害虫の発生しやすい時期です。病気の発生や食害により開花が中断されて、がっかりしてしまうことがあります。

異常がないかよく観察し、捕殺・薬剤散布など早めの処置を行います。

H.Imai
真っ赤なシングル咲きを、スモークツリー、キャットミントなどと混植した例。

●鉢植え

置き場　日当たりと風通しのよい場所で管理します。

水やり　極度の水切れを起こすと、花弁が傷んでよい花が咲かないばかりか、小さな蕾は枯死してしまいます。そこでこの時期は、水が切れる前に水をたっぷり与えるようにします。

肥料　次々と花を咲かせるため、肥料もたくさん必要とします。有機質の肥料を追肥として施し、さらに、液体肥料を1週間に1回の割合で施しましょう。

★皇帝ダリア

節間の長さが30㎝にもなる最も生育のおう盛な時期です。下葉の除去、将来を見越した支柱立てを行います。

鉢植えでは、水切れに注意。朝晩2回の水やりが必要となります。

7月

花の最盛期を迎えます。しかし、梅雨が明けると猛暑が訪れ、生育は急激に衰えますから、切り戻しをして株を休ませ、秋の開花に備える必要があります。

H.Imai
咲き誇るダリアの競演（秋田国際ダリア園にて）。

7月のダリア

春に植えつけたダリアの開花最盛期です。適度な雨と気温に恵まれ、ダリアの最も生育しやすい季節なので、梅雨をものともせず、次々に花を咲かせます。

しかし、雨で花弁が傷んだり、大輪の品種では花に雨水をたっぷりと含むため、首の細い品種は首折れを起こすこともあります。

また、長雨が続くと滞水するような場所では、球根が腐ってしまうことがありますので、水はけに十分注意しましょう。

20日ごろに梅雨が明け、真夏の太陽が照りつけると、ダリアは急激に生育が衰えて、生気が失われます。

●管理・作業

わき芽かき、摘蕾　6月に引き続き、次々と伸びてくる蕾やわき芽の整理を行います。

切り戻し　関東地方以西では、夏を乗り切るため梅雨明け前後に、切り戻し作業を行い株を若返らせます。春から伸びた太い茎を、思いきって地上から20〜30cm（3〜4節）ほどの位置で、切り取ります。切り戻しの作業は、2〜3日天気が続き、土がほどよく乾燥したころに行います。

切り口の処理　ダリアの茎は中空になっており、大輪種では直径3〜4cmほどもあります。また、節の部分は、竹とは異なり閉じておらず、根元の部分まで抜けています。そのため、太い茎を

7月

切り戻し　[適期＝7月中旬〜8月初旬]

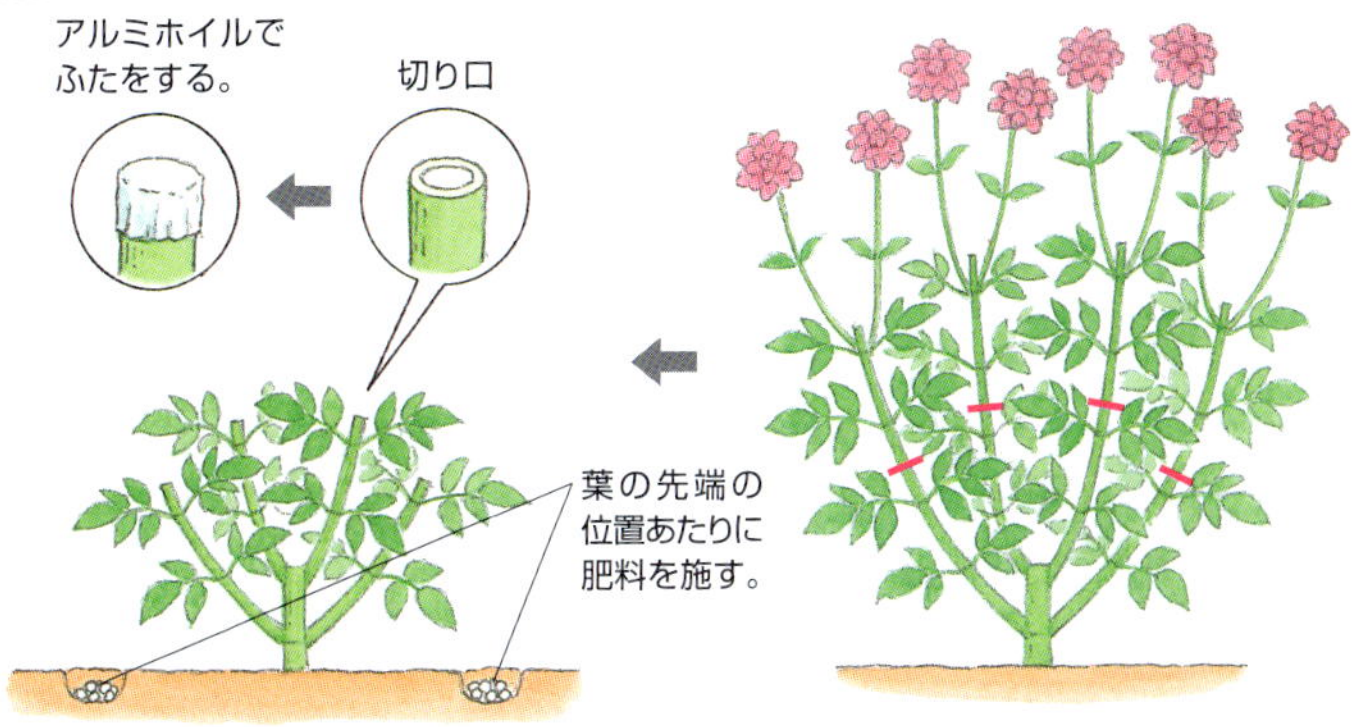

茎は空洞なので雨水が入りやすい。そこで切り口を乾かしてから、アルミホイルなどでふたをしておくとよい。また、切り戻し後は、追肥として緩効性化成肥料を施す。

二番花が盛りを過ぎたら、茎から伸び出ている各枝を、つけ根から1〜3節残して切り戻す。

切ったあとの穴から雨水が入り、株元部分にたまってしまって、そこから腐ってしまうことがあります。

そこで、雨水の浸入を防止するため、太い切り口は、切り口が乾いてからアルミホイルやビニールフィルムで覆い、ふたをしておきます。

植えつけ　秋に咲かせる球根は、7月中に植えつけます。保存してある球根には、芽がひょろひょろと5～20㎝にも伸びているものがありますので、元の2～4節を残して先端を切り取ってから植えつけます。

切り取った芽は、さし穂として利用してもよいでしょう。

7月まで保存した球根。芽が伸び出ている。

徒長した芽なので、切り取って植えつける。切り取った芽は、さし穂に利用してもよい。

モヤシのように伸びた芽。

植えつけ後2週間ほどの状態。

切り戻し

株元から２～３節残して切り戻す。鉢植えは、二回り以上大きな鉢に植え替えてもよい。

緩効性化成肥料を少量、株元に施す。すぐに新しい芽が伸び出てくる。

新芽がある程度伸びたら弱い芽をかき取り、５～８本立ちにして支柱を立てる。

切り戻し後、30 ～ 40 日ほどで開花が始まる。肥料切れ、水切れに注意すること。

7
月

病害虫の防除　梅雨どきは病害虫の発生が多くなります。早めの防除を心がけます。

梅雨明け後の高温乾燥期にはダニの発生が見られます。葉が白っぽくなったり、新芽が茶色く縮れてきたりするのはダニの被害です。ハダニは予防のため葉裏に水をかけるほか、症状が現れたら殺ダニ剤の散布を行います。

暑さ対策　地温が上昇するのを防ぐため土の表面にわらや遮光ネットを敷き詰めます。また、庭植えのものも、できることなら日よけのため寒冷紗を張るとよいでしょう。

●鉢植え

置き場　鉢土の温度の上昇を防ぐため、風通しのよい南向きの軒下や家の北側など、直射日光が当たらない明るい日陰へ移動させます。

水やり　春からの株は、地植え同様切り戻しますが、切り戻し後は極端に水の吸い上げが落ちます。高温期の多湿は、腐死の原因となるので、鉢土が乾いたら水を与えるようにします。

水やりは、日中の暑さの収まった夕方に鉢土ばかりでなく、日中のほてりを冷却する気持ちで株全体と置き場の周囲にもシャワーをかけるよう行います。

肥料　前月に施さなかったものには切り戻しと同時に緩効性化成肥料を少量追肥します。また、1週間に1回、液体肥料を施します。

植え替え　鉢が小さいものは、切り戻しと同時に二回りほど大きな鉢に根鉢をくずさず根を傷めないよう植え替えます。

★皇帝ダリア

梅雨明けまでは、勢いよく生育していましたが、梅雨明けと同時に暑さのため生育が衰えます。鉢植えは、暑さのためよく水を吸収しますので、朝晩2回以上の水やりが必要です。

H.Imai

ダリアは暑さを苦手とするので、直射日光を避けられる明るい日陰などでは元気に夏越しする。

8月

関東地方以西の平地では、ダリアが最も苦手とする猛暑が続きます。暑さ対策に工夫をしましょう。特に鉢植えの水やりには注意が必要です。

8月のダリア

いよいよ、暑さのピークになり、ダリアは息も絶え絶えです。暑さ対策を上手にすることが、秋に再度美しい花を楽しむことにつながります。

7月に引き続き、暑さを和らげる工夫を行います。花壇植えも、日中、直射日光を避けるために日陰をつくることができれば最高です。

一方、長野・東北・北海道は、ダリアのシーズンへ突入。これらの地方は、夏場でも花色が冴えて、すばらしい花が次々に楽しめます。

夏休みに冷涼な地を訪れる機会がありましたら、ぜひダリア園に足を運んでみてください。

●管理・作業

芽摘み、摘心　切り戻しをしたものは、２週間ほどすると節の部分から、新芽が伸びてきます。元気のよい芽だけを残し、弱い芽は摘み取ります。１本の主茎から２〜４本の新芽を立てるようにします。

７月中に植えつけたものも、新芽を伸ばし始めます。３〜４節伸びたら、摘心仕立てをする株は、中心の芽を摘み取ります。

病害虫の防除　柔らかい新芽は、食害害虫の好物です。よく観察し、早め早めの対策を心がけましょう。

ダニの被害が発生したら殺ダニ剤の散布を行います。

水やり　晴天が続いて乾燥する日は、日没後に

夏の暑さで色あせた花

M.Yamaguchi

本来の花色

M.Yamaguchi

写真はいずれも‘群金魚’。丈夫で栽培しやすい品種だが、高温期は写真左のように花の色あせや傷みが激しく、写真右のような本来の美しさが発揮されない。

10㎝ほど水がしみ込むよう与え、さらにダニの予防と昼間の熱気を鎮めるような気持ちで、株全体と葉の裏にもたっぷりと水をかけます。

●鉢植え

置き場　風通しがよく、反射光の当たる軒下などの明るい日陰や、朝日が当たり午前10時から日没までは明るい日陰になる場所で過ごさせましょう。特に鉢内の温度を上昇させないよう心がけます。

M.Yamaguchi

植えつけ１か月後の‘華すみれ’。暑さに負けず勢いよく育っている。

水やり　水は、午前中と夕方の1日2回の水やりが必要となります。夕方は昼間の熱気を下げるような気持ちで、日没後に、鉢にはもちろん、ダリア全体とその周囲にもシャワーをかけるようにたっぷり与えます。

小さな鉢で、日中もひどく乾くようなら、鉢土だけにたっぷり水をやりますが、鉢内の温度が上がらないように気をつけます。

肥料　鉢植えのものは、1週間に1回、薄い液体肥料を水代わりに与えます。

★皇帝ダリア

先月に引き続き、暑さのため少し生気がなくなります。地温が上がりすぎないよう株元をわらや遮光ネットで覆い、高温乾燥時は、日没後に水やりをします。

鉢植えも暑さ対策と水やりに注意します。

8月

9月

中旬以降は再び生育が盛んになり、秋花を咲かせ始めます。強風でダリアは大きなダメージを受けることがあるので、台風への対策も忘れないことです。

群植するときは、支柱の立て方にも美しく見せる工夫を凝らすとよい。

9月のダリア

9月に入っても日中の暑さは相変わらずですが、朝晩が涼しくなります。すると、暑さで休止状態だったダリアも、中旬以降には生育が盛んになってきます。

切り戻しをした株、7月中に植えた株とも早いものは、9月中旬ごろから花が咲き始めます。気温が下がるにつれ、花の鮮やかさが増し、花径が大きくなって花数もふえ、ダリア本来の魅力を発揮する時期です。

●管理・作業

ダリアをより美しく観賞するための、わき芽かきや摘蕾によって草姿を整える作業は、欠かせません。不要な芽や蕾は随時かき取るようにしましょう。芽が小さなうちなら、手で簡単に摘み取ることができます。

花がら摘み　終わりかけた花は、見栄えばかりではなく花弁が散り、カビの発生の原因になりますので、早めに花首から摘み取ります。

支柱立て　台風のシーズンです。新枝への支柱立ても忘れずに行います。わき芽から育てた茎は、上部にボリュームがつくにしたがい、風などにより倒れたり枝裂けが起こりやすくなりますから、早めの支柱立てが肝心です。

新芽かき　伸び出した新芽の細く弱々しいものは、株内の風通しが悪くなり、虫のすみかや病気が発生しやすくなりますので、元からかき取っておきます。

病害虫の防除　気温が下がるにつれ、病害虫の発生が多くなります。予防を兼ねて、株元に浸透移行性殺虫剤を散布します。オンブバッタ、コガネムシ類は葉や花弁を食害しますし、また蕾にもぐり込むガの幼虫もいて、今までの丹精を台なしにされることがあります。殺虫剤の散布や捕殺をまめに行いましょう。また、葉に線のような模様をつけるエカキムシ、茎にもぐり込むガの幼虫などの被害も見られます。

秋口には、うどんこ病が発生し、黒葉系の品種では、よく目立ちますので、殺菌剤の散布を定期的に行います。

肥料　生育を開始したダリアに追肥をします。ダリアの根は、横に広がっているので、吸収しやすいように、それぞれの株の葉の先端くらいの位置に、規定量の緩効性化成肥料を施します。

M.Kumon

種子系ダリアを主役にしたハンギングバスケット。水切れと肥料切れに注意。

●鉢植え

庭植え同様、芽かき、支柱立てを行います。

鉢が小さいと思われるときは、9月初旬に二回りほど大きな鉢に、根を傷めないよう根鉢をくずさずに植え替えます。

置き場　暑さが落ち着いてきたら、日当たり・通風のよい場所で管理します。

水やり　生育が盛んになり、花が休みなく咲き出してくると水を大量に欲しがります。用土が乾く前に水を与えるようにしましょう。

肥料　9月に入ったら、緩効性化成肥料と有機質の肥料を株元に規定量施します。これとは別に、開花最盛期に入ったら、1週間に1回、液体肥料を施します。

★皇帝ダリア

気温が下がるにつれ生育がおう盛になります。9月中旬から下旬ごろに蕾ができ始めます。

食害害虫の発生が見られるので、株元に浸透移行性の殺虫剤を散布します。今年最後の緩効性化成肥料などを追肥します。

台風襲来の時期に入りますので、支柱の補強・確認をします。

鉢植えは、水管理と追肥、さらに1週間に1回、液体肥料を施します。

H.Imai

鮮やかな花色が秋空に映える。

10月

ダリアの花が最も美しい季節。生育条件が整い、蕾も次々と上がってきます。よい花を咲かせ続けるために、芽かき、摘蕾、花がら摘みなどの作業は欠かせません。

10月のダリア

日本のどこでも、ダリアが一番美しい季節を迎えます。澄んだ秋の空に、鮮やかな花がよく映えて、ダリアの美しさが十分に発揮される月です。

10月は生育しやすい温度、適度の降雨と、ダリアの生育条件がすべてそろった月なので、蕾が次から次へと上がり、花も絶え間なく咲き続けます。

しかし、寒冷地では、今月下旬になると霜が降り、一晩で地上部が枯れてしまうこともある月です。

●管理・作業

よい花を咲かせ続けるには、芽かき・摘蕾が、重要な作業です。余分な芽や蕾は、早めの除去を心がけましょう。

また、咲き終わった花は、こまめに摘み取ります。

台風対策　引き続き台風シーズンです。天気予報に注意し、台風の襲来が予想されるときは、早めに支柱を補強し、結束する個所もふやしておきます。不幸にも風で倒れてしまったら、直ちに起こし、支柱に結束し直します。

また、開花最盛期の花は、風の抵抗を受けて茎が折れたり、花が傷んだりするので、早めに切り取り、切り花として楽しんではいかがでしょうか。

病害虫の防除　相変わらずオンブバッタの被害がありますが、気温の低下とともに、病害虫の発生は少なくなります。

●鉢植え

置き場　日当たりのよい場所で管理します。台風の襲来が予想されるときは、早めに室内などに取り込みます。

水やり　水切れさせないよう注意します。

肥料　肥料不足になると次々と新芽を伸ばし蕾をつくらなくなりますので、肥料切れすることがないよう管理します。開花中は、肥効が切れる前に追肥として置き肥を施し、さらに1週間に1回、液体肥料を水やり代わりに施します。

★皇帝ダリア

中旬ごろになりますと、茎の先端に小さな蕾が確認できるようになります。

台風の襲来が予想されるときは、丈夫な支柱で補強しましょう。

雄大な皇帝ダリア。

11月

鮮やかな花の饗宴も最終章。強い霜が降りると地上部は枯れて、休眠期を迎えます。来年に備えて、しっかりと冬越しの準備をしましょう。

秋の日ざしの中の‘神曲’。

11月のダリア

いよいよ、ダリアも終盤を迎える時期です。気温の低下とともに、ダリアの花数は少なくなり、同時に花も小さくなってきます。八重咲き品種では、花弁の重なりが薄くなり、花芯が見えるようになるものも現れます。強い霜に1回当たると、地上部は黒く変色し枯れて、休眠に入っていきます。

そこで、強い霜が予想される前日には、咲いている花を切り取り、切り花としてしばらく名残の美しさを愛でるとよいでしょう。

●管理・作業

冬越しの準備　下旬ごろから冬越しの準備に入ります。土中まで凍結する地域では、球根の掘り上げ・貯蔵を行います。関東地方南部以西の温暖な地では、植えたままでの冬越しも可能です。

霜で枯れた株は、支柱を取り去り、枯れた茎の元の部分を10㎝ほど残して切り倒し、残した元の部分には必ず品種名を書いたラベルをつけておきます。

●鉢植え

鉢植えのものは、花がなくなったころ（11月中旬から下旬）から水やりを中止し、自然に茎を枯らします。こうすることにより、球根が成熟し、保存中の消耗が少なくなります。

球根は、鉢から出して保存してもよいですし、鉢に植えたまま、翌年の植えつけ時まで保存してもよいでしょう。

後者の場合は、鉢土はやや湿った感じが持続している程度にしておきます。この鉢は、関東地方以西なら雨や霜や雪の当たらない軒下や倉庫の中で、３～７℃で保存します。

★皇帝ダリア

ようやく春からの丹精の成果が表れるときで、11月中旬ぐらいから開花が始まります。手のひら大の澄んだピンクの花弁の花は、遠くからもよく目立ちます。

皇帝ダリアは通常のダリアよりも寒さに強く、軽い霜では枯れませんが、強い霜が降りると葉や花は黒く凍害を起こして枯れてしまいます。下旬ぐらいになると、翌朝の冷え込みが気になります。八重の皇帝ダリアは、一重の品種より開花が遅いので、霜が降りるのと開花するのと、どちらが早いか、毎年、気をもむことになります。

12月

地上部が枯れて休眠期に入ります。球根を掘り上げて貯蔵するか、庭や鉢に植えたまま冬越しさせるか、冬越しには2つの方法があります。

12月のダリア

温暖な地域では、12月に入ってようやく霜が降り、ダリアの茎が枯れ始めます。

●管理・作業

掘り上げは茎が十分枯れてから行う　ダリアの跡地に草花苗を植えたいからといって、まだ青々している茎を切り、球根を掘り上げてしまうのは避けてください。球根が未熟で充実していないため、貯蔵中に球根がしなびて発芽能力が失せてしまうことがあります。

●鉢植え

都市部や無霜地帯では、株が青々していることもありますが、低温と短日で開花は望めません。雨の当たらない軒下などへ移し、水を与えず、徐々に茎を枯らして、休眠させます。

★皇帝ダリア

茎の上部の葉や花が寒さで枯れたら、地際から茎を切り倒します。防寒のため、茎や球根の上には、落ち葉やわらなどを厚さ5～10cmほどに敷き、保護します。

茎は、さし木をするなら1mほどに切り分け、新聞紙に包み5～7℃ほどの場所に保存します。

ダリアの育て方

‘サンタクロース’ 赤、白花弁のノベルティ咲き（特殊咲き）。

H.Imai

ダリアの好む環境と生育サイクル

ダリアは、ある程度の環境の変化には適応し、めったに枯れることはありません。万が一、霜が降りる以前に地上部が枯れても球根が残り、翌年にはそこから芽を伸ばしてくれます。

しかし、生育しながら次々と花を咲かせ続けますので、栽培場所・肥料・水やりなど適切な管理がなされないと、美しい花が長く楽しめるというダリアの魅力が発揮されません。少し気難しい部分ももち合わせています。

●ダリアの生育サイクル

球根から芽を出す温度（発芽適温）は、18〜20℃で、関東地方南部では4月下旬から5月中旬ごろの気温です。生育適温（18〜25℃）の5月中旬から7月中旬は、13時間以上の日長があるため茎葉や根の数がふえます。30℃以上を越えると生育適温外となり生育が停滞し、9月中旬から10月ごろの気温で再び活発になります。気温の低下と日長が短くなることで球根が充実し、降霜にあうと地上部が枯れ休眠します。

●ダリアの好む環境

温度　ダリアの自生地は、熱帯高地なので寒暖差の小さい冷涼で温暖な気候を好みます。関東地方南部では、5月中旬から梅雨明け、9月中旬から10月下旬ごろが生育に適した気温です。

梅雨明け後からの高温は、ダリアの生育適温を超えるため、生育が衰えます。日よけなどの暑さ対策が必要になります。長野県や東北地方、北海道など夏が冷涼な地域では、とても栽培しやすく、夏から秋の花として楽しめます。

関東地方以西では、真夏に株が衰えることにより、本来の大きさや色合いの花が咲かない、さらに花の咲き進みが速くなるため、中心まで咲ききらないうちに外側の花弁が傷むなどして、観賞価値が下がってしまいます。初夏から花を楽しんだ株は、切り戻しをして株を若返らせ、秋に再び開花させるか、植えつけ時期を7月にずらし、秋の花として楽しむ方法もあります。

冷涼期には冴えた花色を見せる（右）が、高温期（左）になると本来の色合いが出ない（品種は‘ノックアウト’）。

日照　ダリアは日当たりを好みますから、最低でも半日は、日が当たる場所で栽培します。

土壌　水はけ、水もち、通気性のよい、やや湿り気のある弱酸性の肥よくな土壌を好みます。

水　水を好みますが、滞水は嫌いますから、水はけがよいことが大切です。水はけの悪い場所では、やや高植えにするなど植え場所の調整をします。雨が降らず乾燥が激しいときには、庭植えでも水やりが必要です。

肥料　肥料不足では花が貧弱になるばかりでなく、わき芽が伸びず開花数が減少します。肥料切れすることがないよう、リン酸、カリ分の多い肥料を、元肥、追肥として施します。

ダリアを育てるには、夏の高温期の過ごさせ方と、肥料切れさせないことが重要です。

栽培を始める前に

●目的に合った品種を選ぶこと

日本で、店頭や通販で入手できるダリアは、500品種ほどあります。花の違いばかりでなく、

H.Imai

ユリやアリウムなどとともにボーダーに植え込まれたダリア。すらりと立ち上がった中高性～高性のものは切り花としても利用しやすい。

草丈や開花までの期間の早生・晩生、さらには耐暑性の違いもあります。どこでどのように楽しみたいのか、具体的な目的に合った品種選びをしましょう。

さらに、栽培・仕立て方も目的に沿った方法をとりたいものです。

草丈、花の大きさ、花色、花形、葉色、早生・晩生を総合的に考え合わせ、品種を選択します。一般的に背が低い品種のほうが、植えつけから開花までの期間は短いようです。

とにかく大きな花を咲かせたい 巨大～超巨大輪品種を選び、天花仕立て（88ページ）で育てます。とてもインパクトがあり、庭植えでは、

庭の主役となります。鉢植えでも栽培可能ですが、その際は、12号鉢以上で育てたいものです。

切り花として楽しみたい　多花性の小〜中大輪で、草丈は中高性〜高性種が適しています。一般的なデコラティブ咲きやスイレン咲きなどのほか、切り花として流通しないシングル、コラレット、アネモネ咲きなどがイチ押しです。たくさんの切り花がとれるよう、摘心仕立て（88ページ）、芽摘み（90ページ）で育てます。

庭植えで楽しみたい　庭の広さにもよりますが、どんな品種でも大丈夫です。ほかの植物との調和を考慮し、ガーデン計画に沿った品種選びをしましょう。花色選びは重要です。ほかの花にない色をもっていますが、色の好みだけで選ばず、ほかの草花たちとのハーモニーも考え合わせます。また、銅葉系の品種は庭のアクセントとして大活躍します。

ベランダや鉢植えで楽しみたい　草丈が低く、多花性で開花までの期間が短い品種が適しています。特にガーデンダリアとして販売されている品種がおすすめです。または、極小輪のトップミックス系や種子系ダリアは、5号鉢程度で栽培できます。

極小輪の品種は、摘心したあとは、芽摘みをせずに、たくさんの花を咲かせるよう育てます。

M.Yamaguchi

鉢植えのガーデンダリア‘パブロ’。丈が低いわりに花は大きく、多花性なので、コンテナ栽培にも適する。

球根の選び方

●クラウン部に芽があることを確認する

ダリアの球根はクラウンの部分に発芽点がないと芽が出ませんので、必ず「芽」があることを確認します。芽があってもクラウンと球根の間が折れていたり、傷ついていたりするものや、クラウン部分が黒ずんでいるものは、発芽しないことがあります。

柔らかかったりしわが寄っている球根は、乾燥により発芽能力が失われていることがあります。また、表皮がでこぼこしているものは、ウイルス病に罹病している可能性があります。

球根は、堅く、丸くふっくらとして、表面がすべすべしているものを選ぶようにしましょう。

●球根の大小にはこだわらない

チューリップやスイセンなどのように、ダリアはあらかじめ、球根内に花芽があるわけではなく、成長しながら花芽をつくり次々に花を咲かせます。球根には、発芽してある程度生育できるだけの養分があればよいので、球根の大小は重要ではありません。

球根の形や大小は、品種による差が大きく、大輪だから大きな球根ということはありません。乾燥防止のため、全面にワックスがかけられている球根が販売されています。球根のお尻の部分のワックスを竹べらなどでこそげ落とすと、水分を吸収しやすくなります。

球根の形や大きさは品種によってさまざま。大輪種だから大きいとは限らない。

しなびた球根。発芽能力が低下していることがあるので、避けたほうがよい。

よい球根。クラウンと球根との間が折れたり傷がなく、しっかりと芽をつけている。また、球根は堅くふっくらとしている。

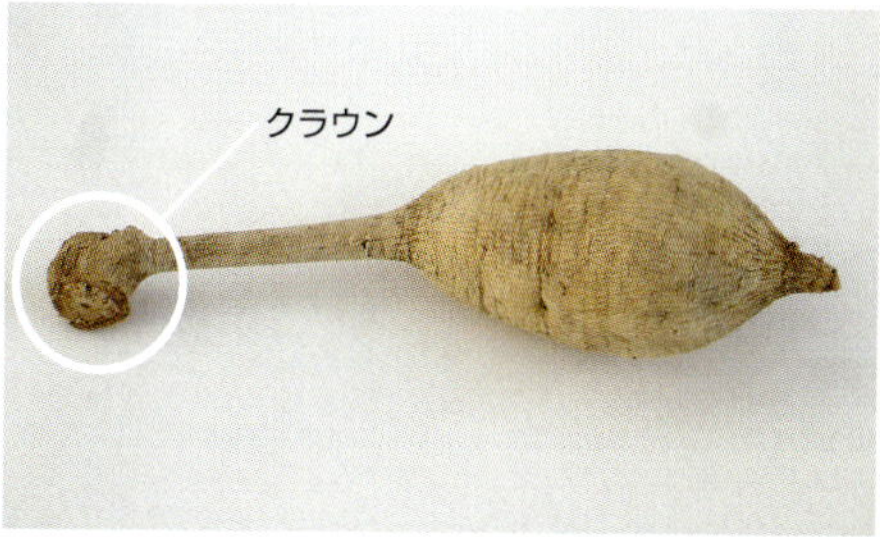

球根の植えつけ

●植え場所の準備

日当たりと風通しがよく、水はけのよい場所が適地です。過湿に弱いので、長雨時に水がたまるような場所では、水はけがよくなるように、地表面から20cm以上高くなるよう土を盛り上げます。

ダリアは、成長しながら次々に花を咲かせるので、肥よくな用土であることが大切です。

植えつけの2週間以上前に、堆肥や良質の腐葉土、牛ふん堆肥などの有機質を1㎡当たり15〜20ℓ（小バケツ2杯）と、元肥として草花用化成肥料を規定量ばらまき、深さ30〜40cmまでよく耕しておきます。

大輪種1株当たり、直径40cm、深さ30cmの植えつけスペースを用意します。

●植えつけ

大輪種で80cm、中〜小輪種で40〜60cmの株間を必要とします。

地表面から10cmほど掘り、クラウン部分が育てたい位置の中央になるよう横向きから斜め上向きに置き、クラウンのそばに目印用の仮支柱を立てて、5〜10cm覆土をします。

植えつけ直後から2週間ほどの間に、アブラムシや食害害虫の予防のため浸透移行性殺虫剤を株元にばらまいておきます。

●植えつけ後の管理

植えつけの準備　植えつける２週間ほど前に行う

植え場所を決める。向かって左に黒葉種の‘華すみれ’、中央手前にガーデン用コンパクトタイプの‘アート・フェア（白）’、右に大輪種の‘レイ S’を植えることにした。

植え場所全体を 30 ～ 40 ㎝の深さまで掘り起こし、よく耕す。

全面に牛ふん堆肥を、１㎡当たり小バケツ２杯分ほど加える。

元肥として緩効性化成肥料を規定量散布し、土によく混ぜ合わせる。

表面を平らにならし、植えつけ準備は完了。

ガーデン用ダリア、ギャラリーシリーズ‘アート・フェア’は、直径 10 ㎝ほどの八重の花を多数咲かせる。

球根の植えつけ

黒葉種の‘華すみれ’から植え始めた。まず、地表面から10㎝ほどの深さに植え穴を掘る。

芽の出るクラウン部が植え穴の中央にくるよう、球根を横向きからやや斜め上向きに置く。クラウンのそばに目印用の仮支柱を立てておく。

5～10㎝の厚さに覆土をする。

同様に植え穴を掘り、コンパクトタイプの‘アート・フェア’の球根を据える。

新芽が伸び出ていたが、わき枝をふやすために、この段階で2節を残して摘心をしておく。

同じように作業を進め、3種類の球根の植えつけをすべて完了。忘れずに品種名を記入したラベルを立てておくこと。

植えつけ２か月後。‘アート・フェア’は一番花が開き始めた。

ほどよく湿っている土壌なら、植えつけ後の水やりは不要です。球根は、十分水を蓄えているため、芽出し時の多湿は、球根の腐敗につながります。

若い芽は、ナメクジやイモムシ類の餌食になりやすいので、見回りを怠らず、ナメクジの誘引殺虫剤の散布などを行います。

植えつけ３か月後の‘レイＳ’。

用途によって仕立て方を選ぶ

放任栽培では、開花が遅れる、不良な花となる、などして、ダリアのもつ魅力が十分発揮されません。そこで、楽しみたい用途により、次の2種類の仕立て方から選びます。

●天花仕立て

大輪から巨大輪の品種をより大きく咲かせるため、最初に咲く一番花に力を集中させる仕立て方です。十分な花弁数をもった、より整った大きな花になり、品種のもつ本来の花の特徴を発揮させることができます。ただし、側枝の成長が遅れるため、二番花が咲くまでに時間を要することがあります。また、一番花のあとに主茎を切ると大きな穴から雨水が浸入し、茎の元の部分にたまって地際で腐ることがあるので、穴にふたをしたり、水抜きの処理が必要です。

●摘心仕立て

庭植えや鉢栽培に適した一般的な仕立て方です。新芽が3～4節伸び、葉が4～6枚開いたころ、中心の若い芽を摘み取ります。この時期の若い茎にはまだ穴がなく、傷口もすぐに癒合するため、水が浸入するおそれはありません。

芯の芽を摘み取ると、下部から2～4本のわき芽が伸びてきて一番花を咲かせます。天花仕立ての花よりはやや小さくなりますが、一度に複数の花が楽しめます。また、側枝が順次成長するので、途切れることなく咲き続けます。

摘心仕立て

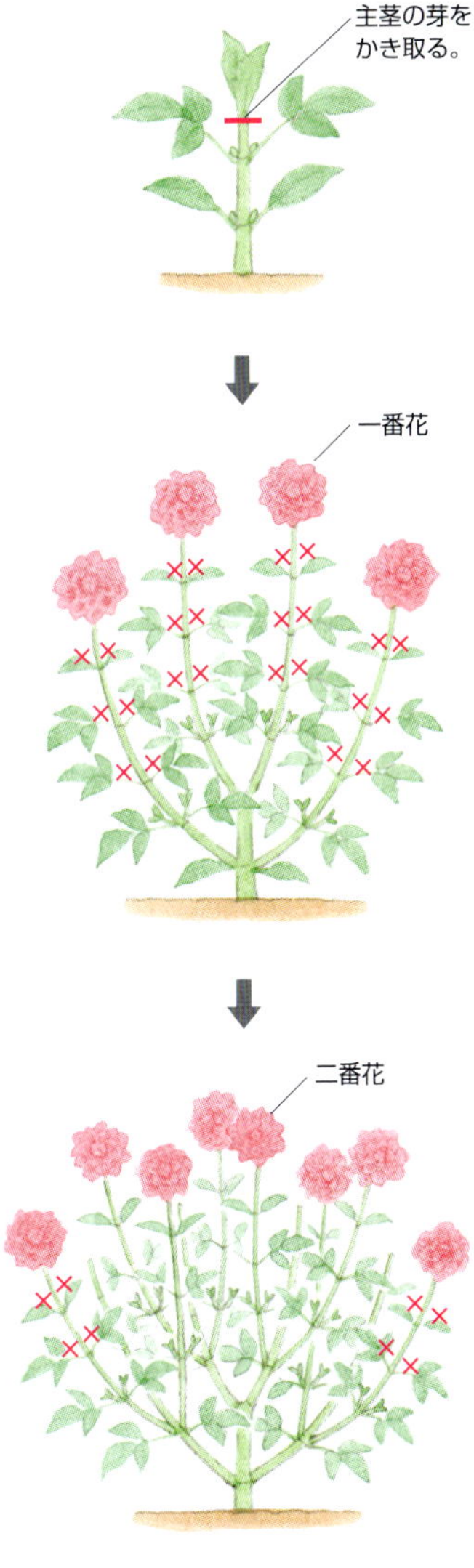
主茎の芽を
かき取る。
一番花
二番花

天花仕立て

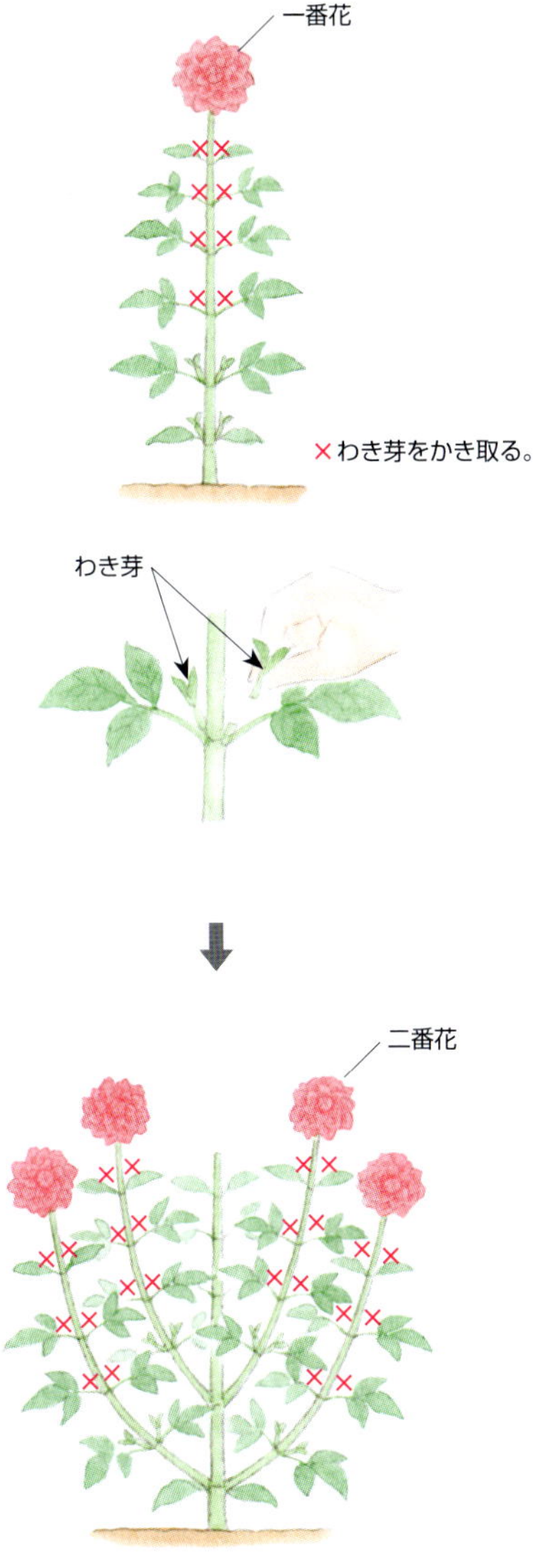
一番花
×わき芽をかき取る。
わき芽
二番花

大切な芽摘み、蕾摘み

芽摘み作業をせずに育てると上部の2〜3節の葉のつけ根から次々とわき枝を伸ばし、その先に蕾をつけます。

このわき枝の成長は上部にいくほど早く、開花中の花の邪魔をして見栄えを悪くするばかりでなく、ボリュームがつくため風などで倒れやすくなります。また、多くの花を咲かすために力が分散され、花弁数の少ない貧弱な花になってしまいます。

そこで芽摘み、蕾摘みが必要となります。

●わき芽摘み

下部の2〜3節のわき芽を残し、それより上部のわき芽を取ることにより、株元から出るわき芽の成長が促され、側枝に多くの良花を楽しむことができます。さらにわき芽摘みをすることで、草丈の抑制や枝数の制限がなされ、草姿が整い花の質も高まるため、ダリア栽培では重要な作業です。

●蕾摘み（摘蕾）

大輪種は側蕾をかき取る　ダリアは、通常最上部の止め葉の位置から、中心の主蕾と2本の側蕾の合計3本の花梗を伸ばします。大輪種や巨大輪種では、側蕾が5㎝ほどに伸びたところでかき取り、中心の蕾を1花だけ咲かせます。

中輪種、小輪種は側蕾を残す　中〜小輪種では、数多くの花を咲かせたいので、主蕾をかき取り

蕾摘み

止め葉と、その位置にできる蕾は、小さなうちにかき取る。
中心蕾（主蕾）は元からかき取り、両わきの蕾を育てる（ただし、大輪、巨大輪種で大きく咲かせたい場合は、この中心蕾1本を残して、両わきの蕾をかき取る）。

2本の側蕾を残し、1本の茎に2輪の花を咲かせます。さらに、残した側枝の止め葉に第2の側蕾をつけることがありますが、この場合は、小さなうちに蕾をかき取り1本だけを残すようにします（図参照）。

ただし、この蕾摘み作業は、たくさんの花を楽しみたいシングル咲きや極小輪のダリアには行いません。

わき芽摘み

わき芽を摘むことで、枝数が制限され、草姿が整うと同時に、よい花が咲く。

支柱立て

　ダリアの茎は、株元が細く先端にいくほど枝葉が茂り、大きな花を多数咲かせるので、どうしても上部にボリュームがつきます。そのため、触れたり強い風にあったりすると株元から倒れて姿が乱れるばかりでなく、ほかの草花を傷めてしまうこともあります。そこで支柱を立てるなど、倒れない工夫が必要となります。

　また、節から伸びるわき枝のつけ根がもろいため、風にあおられて折れたり、主茎ごと裂けてしまうことがあります（写真参照）。

　支柱は、こうした枝折れを防止するうえでも役立ちます。

M. Yamaguchi

支柱立て、枝の整理を行わなかったダリア。

M. Yamaguchi

強風により主茎から裂けた枝。

●支柱の長さは、花の位置より低めとする

株数が少ない場合や鉢植えの場合の支柱は、茎が40～50㎝ほどに成長したとき、各茎に1本ずつ沿わせるようにさし、茎と支柱をひもで結束し、その後も成長に合わせて結束する個所をふやします。茎と支柱を結わえるときは、茎が肥大したときひもが食い込まないよう、8の字形に回して、ゆったりと結わえます。

支柱は、草丈より少し低めになるような長さにし、開花したときの美観を損なわないよう注意します。

●群植するときは何株かをまとめて囲む

ダリアをたくさん栽培するときは、1株ごとに支柱を立てるのは、大変な労力がかかりますので、支柱を30～50㎝間隔で立て、ひもを地面から30㎝の位置と60㎝の位置に升状に囲むように張って茎を支えます。

茎と支柱を結わえるときは、ひもを8の字に回してゆるく縛り、茎が肥大したときひもが食い込まないよう配慮する。

M.Yamaguchi

M.Yamaguchi

茎ごとにしっかりとした支柱を立てる。

種子系ダリアの栽培

ダリアは一般的に球根を植えて育てますが、種子から育てる「種子系ダリア」というグループがあり、花壇やコンテナ植えに利用されます。

種子系ダリアは草丈が低く40～70cmほどで、タネをまくと、1か月半から2か月半で、直径6～8cmほどの花が咲き始め、秋まで開花が続きます。

花壇用や寄せ植え用として、ポット苗が4月ごろから店頭で販売されますが、家庭では4月から5月ごろがまきどきなので、開花は6月中旬以降になります。

種子系ダリアは、一般的には一年草として扱われますが、球根から育てるダリアと同じように地下には球根ができますので、秋以降は、一般のダリアと同様に扱います。2年目は春から早咲きの球根ダリアと同様に育ち、花壇で存在感のある矮性多花性の花として活躍します。

●タネのまき方

箱まきか床まきにします。発芽率がよいので、最初から2号ポットか連結ポットに1粒ずつまいて育苗してもよいでしょう。

タネをまく時期　発芽適温は15～20℃で、気温が上がり、日が長くなる3月中旬以降（ソメイヨシノが咲くころ）からまきどきに入ります。秋花壇に利用するなら6月中旬にまき、苗を梅雨明け前に花壇に定植します。

連結ポットを使ったタネまき

用意するもの ❶タネまき用土を入れた連結ポット ❷ピンセット ❸種子系ダリアのタネ

ピンセットで１ポットに１粒ずつタネをまく。

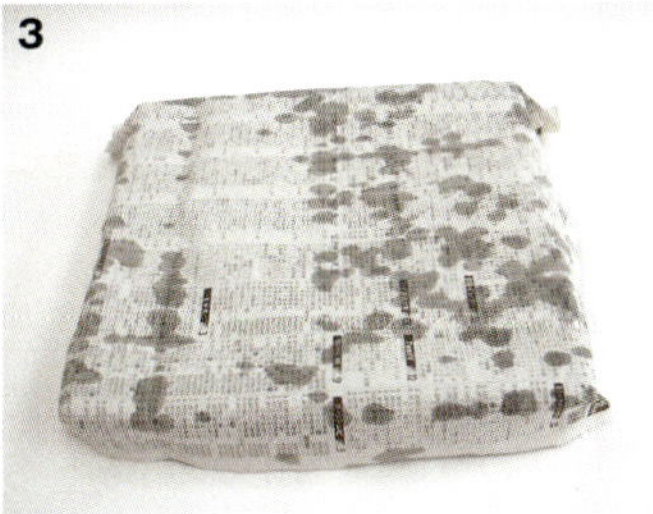

薄く覆土をしたら、たっぷりと水を与え、雨や風を防ぐために発芽するまで新聞紙を１枚かけておく。その後は日当たりのよい場所で、用土を乾かさないよう注意して管理する。

タネまき後、約１か月で本葉が２～３枚開き移植適期となった。１本ずつ９㎝ポットに植え替えて育てるとよい。

厚まきを避ける　清潔な肥料分のない用土にばらまきかすじ状にまきますが、生育が早いので厚まきにならないよう、タネの間隔を広めにとります。発芽には光が必要なので、覆土は薄くすることが大切です。適期にまけば10日前後で発芽してきます。

●タネまき後の管理

まき終わったらジョウロで静かにたっぷり水を与え、日の当たる場所に置き、雨や風を避けられるよう新聞紙を1枚かけ、芽が出るまでは絶対に乾かさないように管理します。3割ほど発芽したら、新聞紙を取り除き、十分に日光に当てて育てます。

発芽後は、土の表面が乾いてきたら水を与え、1週間に1回、規定の2倍に希釈した液体肥料を、朝か夕方に葉の上からジョウロでかけます。

●移植と定植

本葉が2〜3枚になったころ、はしやピンセットを使って根を切らないように抜き、良質の培養土にリン酸・カリ分の多い緩効性化成肥料の元肥を入れ、9cmポットに1本ずつ根を傷めないよう、ていねいに植えつけます。

2号ポットにまいたものは、容器に根が回ったころ9〜10.5cmポットに植え替え、株を充実させてから、コンテナや花壇に植えつけます。

ダリアは根を切られることを嫌いますので、植え替える際は根を傷めないよう注意します。

丈夫で草丈の詰まった株になるよう、日当たりと風通しのよい場所で、株どうしの葉と葉が触れ合わない程度に間隔をあけてポットを置き、管理します。

本葉が7〜8枚に育ったころ、花壇やコンテナに定植します。

コンテナ植え　5〜6号の鉢に1本植えが目安です。プランターなら15〜20cmほど間隔をあけて植えつけます。植えつけの際は根鉢をくずさないように注意します。植えつけ直後は、鉢土を乾かさないように水を与えますが、2週間目以降はやや乾かし気味に管理し、乾いたらたっぷりと水を与えます。すると、根の張りがよく、丈夫な株に育ちます。

花壇植え　25cm間隔で根鉢をくずさず、深植えにならないよう注意して植えつけます。

育苗トレイを使ったタネまき

1

育苗トレイに市販のタネまき用土を入れる。

2

厚まきにならないよう注意しながら、全面にタネをばらまく（用土の上に浅い溝をつけてすじまきにしてもよい）。

3

ダリアは好光性種子なので、覆土は薄く行うことが大切。その後は静かに水を与え、連結ポットへのタネまき（95ページ）同様、新聞紙をかけて日当たりで管理する。

4

タネをまいて約１週間で発芽し始めた。

5

約１か月後には移植適期となる。

6

竹ばしなどを使って、苗を１本ずつ掘り上げる。

7

掘り上げた苗。左は連結ポットから抜き取った苗。

8

９㎝ポットに植えつけた。この後は日当たりと風通しのよい場所で肥培を続け、本葉が７～８枚となったころ、花壇やコンテナに定植する。

ダリアをふやす① 分球

ダリアのポピュラーなふやし方は、分球です。春に植えた球根は、株元から新しい根が多数発生して、その根が秋までに養分を蓄えて太り、茎が枯れる初冬のころには、4〜6倍にふえています。

球根を多くふやすためには、遅くとも6月いっぱいまでに植えつけます。植えつけ時期が遅くなると、新しい根の発生が少ないばかりでなく、球根の太りもよくありません。

球根に養分を蓄えさせるためには、秋の花は早めに摘み取りますが、葉はできるだけ多く残すようにします。

晩秋になり、花が見られなくなってもそのままにし、霜に当て自然に茎を枯らします。鉢植えは、霜が降りる時期になったら、水やりを止め自然に茎を枯らします。

分球の適期　生産者など栽培の専門家は、冬期の掘り上げと同時に分球を行いますが、この時期はまだ、発芽点が小さく判別は困難です。一般の愛好者は、春まで待ち、芽がふくらんできたころから植えつけの直前（3〜6月）までに行うとよいでしょう。

●分球の仕方

ダリアは、茎だったところ（クラウン）に芽が出る部分（発芽点）があり、「芋」の部分からは芽が出ません。そこで必ず「芽」をつけるように清潔で鋭利な剪定バサミや大型のカッターやナイフなどでクラウンをつけて切り分けます。その際は、ウイルス病の感染を防ぐため、刃物は1株ごとに家庭用塩素系洗剤で洗ったりアルコール消毒をしながら行います。

販売されている球根のように1球に1芽から数芽をつけて分けるのではなく、2〜3球当たり数芽をつけるように大きく分けるようにすると、分球作業による傷みが軽減されます。

分球し終えたら、球根に油性ペンや墨汁で品種名を明記しておきます。

必ず品種名を記入する

分球したあとは、球根に必ず品種名を書き込んでおく。

分球の仕方

1

昨年末に掘り上げ、保存しておいた球根。分球は芽がふくらんできた春が適期。ハサミやカッターナイフを使って切り分ける。

2

1球ずつ分けるのではなく、2〜3球単位で分けたほうが、分球による傷みは少ない。

3

切り離すときは、クラウン部に必ず芽をつけるように注意して切り分ける。

ダリアをふやす② さし木

ダリアは、さし木でもふやせます。

さし木の適期 5月下旬から梅雨明けまでが、湿度も高く、さし木後の管理も容易です。初夏にさしたものは、すぐに花を咲かせ始め、晩秋には球根ができています。

用土 清潔で、肥料分のない細粒の用土を用意し、育苗トレイやポットに入れ、たっぷり水を含ませておきます。

穂木 開花中の株のわき芽を穂木として採取します。病気がないか、品種の特徴をよく現している株かどうかを見極めて、穂木をとる親株を決めます。先端に近い部分の芽は、蕾になっているので、なるべく下部のわき芽を使います。

●さし木の仕方

左ページのプロセス写真を参照してください。

さし木後の管理 風の当たらない明るい日陰で、さし床を乾かさないように管理します。

鉢上げ 適期にさせば2週間ほどで発根し始めます。発根後1か月ほどで、培養土に元肥を混ぜて3～4号ポットに鉢上げし、初期は、明るい日陰の風通しのよい場所で管理します。新芽と新根がぐんぐん伸びてきたら、日なたへ移し、2週間に1回ほど液体肥料を施しながら、太く締まった苗に育てます。

その後、さらに大きな鉢に鉢上げするか、花壇などに植えつけます。

ダリアのさし木

1 穂木を採取したら、鋭利なナイフで切り口をきれいに切り戻す。

2 下のほうの余分な葉は切り落とす。

3 30分ほど水あげをしてから、切り口に発根促進剤（ルートン）をつける。

4 連結ポットにさし木用土を入れ、水を含ませてから、誘導棒で穴をあける。

5 さし穂をさし込み、株元を指で押さえて用土に密着させる。

6 さし終わったら、忘れずに品種名を記入したラベルを立てておく。

7 さし木苗の発根（約1か月後）。

鉢植えでダリアを楽しむときは

　ダリアは、小型種から超巨大輪、さらに皇帝ダリアまで、鉢植えで栽培することができます。

鉢とサイズ　ダリアの根は浅く横に伸びるので中深以上の鉢を用意します。極小輪種なら5～8号、小輪から中小輪種なら7～10号、中輪から中大輪種なら8～15号、大輪から巨大輪種なら10～20号の鉢が目安です。

用土　上質な培養土（弱酸性で、水もち、水はけのよい肥よくな土（例＝赤玉土7：完熟腐葉土3）を使用します。

肥料　元肥として草花用緩効性化成肥料を規定量用土に混入し、さらに、開花を始めたら1週間に1回液体肥料を施し、元肥の肥効がなくなる前に有機質の置き肥を追肥します。

鉢への植えつけ　左ページのプロセス写真を参照。

置き場　日当たりと風通しのよいところで管理します。梅雨明けから9月初旬までは、暑さと鉢土の温度の上昇を避けるため、日中は遮光するか、風通しのよい明るい日陰に置きます。

水管理　生育中のダリアは水を好みますが、球根植えつけ後は十分に芽・根が伸びるまではやや乾かし気味に管理しないと球根が腐敗してしまいます。植えつけ後に1回水をたっぷり与えたら、次の水やりは、鉢土の表面が1㎝以上乾いてから行います。特に、気温が低い時期の多湿には気をつけましょう。

新芽が20㎝ほどに伸びたら、鉢土の表面が乾いたらたっぷり水やりを行います。

植え替え　市販の鉢物ダリアやポット苗は、すでに根が鉢内に充満し、根詰まり状態となっています。入手後すぐに二〜三回り大きな鉢に、根鉢をくずさないよう注意して植え替えます。

鉢への植えつけ

1 鉢底に防虫網を敷き、水はけをよくするために軽石を少し厚めに敷いておく。

2 用土を入れる。球根の上に3〜5㎝覆土できるよう、高さを調節すること。

3 発芽点が鉢の中央にくるようにして、球根を横向きからやや斜め上向きに置く。

4 発芽点の目安として、クラウンのわきに割りばしなどで仮支柱を立てて覆土をする。

5 作業終了。植えつけから2週間の間に、食害・吸汁害虫の予防のために、株元に浸透移行性殺虫剤を散布する。

球根の掘り上げと防寒、貯蔵

球根は、寒さからの保護、植えつけ場所の移動、繁殖などの目的で掘り上げます。

茎が枯れたら株元から10㎝ほど残し、地上部を切り捨てます。その際、品種名を記入したラベルをひもなどで残った茎につけておくとよいでしょう。

その後、土が凍るような地域では、初冬に掘り上げて貯蔵しますが、関東地方以西では掘り上げずにおき、3月中旬ごろに掘り上げてもよいでしょう。

●球根の掘り上げ

左ページのプロセス写真を参照。

●寒さからの保護

地植えのままで冬越しさせる場合は、球根全体がしっかり覆われるよう株の上を腐葉土や落ち葉、わらなどで5～10㎝の厚さに覆います。

●掘り上げた球根の貯蔵

ダリアの球根は、水分をたっぷり含み薄い表皮に包まれているだけです。そのため、環境の変化を受けやすく、適切な貯蔵方法をとらないと、貯蔵中に腐敗や乾燥により、球根の発芽能力が失われてしまうことがあります。

凍結と乾燥を防ぐことが大切　球根の貯蔵で大切なことは、凍結させないこと、乾燥させないことです。掘り上げた球根は、2～3日乾燥させたのち、品種名をつけます。段ボール箱に

球根の掘り上げ

茎の周囲を手でさぐり、球根の位置を確認する。

球根の周囲にスコップを差し入れて細根を切り、掘り上げやすくする。

球根の下に、スコップを斜めに深く差し込み、残りの細根を切り、少しずつ持ち上げる。

手で球根の下を支えながら、ていねいに持ち上げる。球根とクラウンのつけ根を折らないよう注意する。

掘り上げた球根。

土を洗い落としたら２～３日、日陰で干す。これで貯蔵の準備は完了。

球根の貯蔵

1 貯蔵する準備のできた球根には、油性ペンなどで品種名を記入しておく。

2 段ボール箱に大型のビニール袋を入れ、いくぶん湿り気のあるピートモスなどを詰めて、その中に球根を埋める。

3 ビニール袋を閉じる。密封はせず、口の部分を折りたたむ程度とする。

4 段ボール箱も軽く閉じる。5℃前後の場所で冬越しさせ、植えつけ時まで保管する。

大型のビニール袋を入れ、ピートモスやバーミキュライト、おがくずなどを詰め、球根を埋め込みます。ピートモスやバーミキュライトがからからに乾燥しているようなときは、ミカン箱程度の容積なら100ccほどの水を霧吹きでかけ、少し湿気を与えます。ビニール袋は密閉せず軽く口を折りたたむ程度とし、段ボール箱もふたを閉めるだけでよいでしょう。その後、5℃前後の場所で植えつけ時まで保管します。

夏までの保管　ダリアを夏植えにする場合も、そのまま冷暗所で保管し続けます。ときどき保管箱を開け、球根の状態を観察します。しなびていなければ保存状況は良好です。

　7月の植えつけ時期までに、保管箱の中で芽や根が伸びてしまっているものもありますが、芽切り作業ののち通常どおり植えつければ、生育への影響はありません。

催芽（発芽）処理

春、早くに球根を植えつけても、まだ、地温、気温とも低いため、発芽は、適温になるまで待たなければなりません。そこで、早くから花を咲かせて楽しみたいときは、球根を植える前に、暖かい場所で目覚めさせ、芽を成長させてから植えつける方法があります。

また、寒冷地では、植えつけ時期が遅いため、どうしても生育期間が短くなるので、こうした催芽処理をしてから植えつけると、初期生育が早まり、開花が早くなりますから楽しめる期間も長くなります。

水を与えすぎないこと

バーミキュライトのような清潔で粒子の粗い用土を育苗トレイなどに敷き詰め、球根を斜めに置き、クラウン部分を用土の上に出すようにして半分くらいまで埋め込み、霧吹きなどで軽く湿らせるように水を与えます。

多湿にしすぎると、球根が腐ってしまいます。特に、貯蔵中に乾燥のため球根にしわが寄ってしまっているものは、水の与えすぎに気をつけましょう。

発芽温度は20〜25℃ほどです。置き場は、室内の日が当たる暖かい場所がよいでしょう。

芽が4〜5㎝ほどになったころ定植すると初期の成長がスムーズに始まりますし、植えつけてから芽が出ないという、不安もありません。

早く咲かせたいときは催芽処理を行う

催芽処理とは、球根を植えつける前に、暖かい場所で球根を早く目覚めさせ、芽を出させる方法のこと。生育期間の短い寒冷地などでは、観賞期間を少しでも長くするために有効な方法といえる。

育苗トレイに、バーミキュライトなどを敷き詰め、その上に品種名を記入した球根を斜めに置く。クラウン部分が用土の上に出るようにして、半分ほどを埋め込む。
このあと、霧吹きで軽く用土を湿らせておく。水を与えすぎると球根が腐りやすいので注意。
育苗トレイは、日の当たる暖かい室内（20～25℃）で管理する。

半月後の様子。芽が動きだし、早いものでは葉が展開し始めている。新芽が４～５㎝ほどになったら花壇やコンテナなどに植えつけて育てる。

病害虫の防除

高温多湿の地域で栽培すると、暑さで株が弱り病害虫の被害を受けやすくなります。最小限の被害で食い止めるよう、被害部分を発見したら早め早めの対策を心がけましょう。

●主な害虫

芽の出始めから被害を受けることがあるので、予防のため球根の植え込み時に浸透移行性殺虫剤を用土に散布しておきます。害虫は見つけしだい捕殺するか、殺虫剤の散布を行います。

アブラムシ　若い茎や葉につき、吸汁し、芽や蕾を弱らせます。ウイルス病伝播の原因にもなります。４～10月に発生します。【薬剤】クロチアニジン・フェニプロパトリン・メパニピリム水和剤。

アザミウマ類　花弁にかすり状の小さな白斑が生じ、寄生が多いと萎縮します。５～11月に発生します。【薬剤】アセフェート水和剤。

ネキリムシ類　ガの幼虫で夜間に活動し、出たばかりの新芽を食害します。４～６月、８～11月に発生します。

ヨトウムシ類　葉から花まで広範囲に食害します。５～11月に発生します。【薬剤】アセフェート粒剤。

オンブバッタ　秋に発生することが多く、葉・花を食害します。【薬剤】スミチオン乳剤。

アズキノメイガ（シンクイムシ）　幼虫が茎に

侵入食害し、侵入部分からふんを出します。加害部より上は枯れてしまうことがあります。5月中旬〜10月上旬に、寒冷地では1回、関東地方以西では3回発生します。

オオタバコガ　幼虫が蕾に侵入し、内部の花弁を食べてしまうので、花が咲かなくなります。6〜10月に発生します。【薬剤】エマメクチン安息香酸塩乳剤。

コガネムシ類　成虫が花に飛来し、花弁を食害します。5〜9月に発生します。

ハモグリバエ（エカキムシ）　葉に幼虫が侵入し、白い線状の跡を残します。発生したら薬剤を散布するか、白筋の部分を指で押さえ幼虫を圧死させます。6〜11月に発生します。【薬剤】エマメクチン安息香酸塩乳剤。

ハダニ類　葉裏につき緑色が抜けて白いかすり状になります。高温乾燥を好みますので、潅水時に葉裏への水やりを。5〜10月に発生。

チャノホコリダニ　高温・乾燥が続くと新芽や葉、蕾につき、硬化・奇形することがあります。

オンブバッタ

オオタバコガ

マメコガネ

ナメクジ

7～10月に発生します。【薬剤】各種殺ダニ剤。

ナメクジ　夜間や雨天時に活動し、出たばかりの新芽や花を食害します。見つけしだい捕殺するかナメクジ専用剤で。4～6月、9～11月に発生します。【薬剤】メタアルデヒド粒剤。

●主な病気

清潔な用土に植えつけ、風通しと日当たりを確保します。ダリアが弱ると病気にかかりやすくなるので、元気に育てることが第一です。予防のため、発生時期に定期的に殺菌剤を散布してもよいでしょう。

ウイルス病（モザイク病）　一番厄介な病気です。葉の縮れ、モザイク状の模様、花の奇形、生育不良の症状が現れ、完治することはありません。このような症状が現れたら、抜き取り、焼却処分します。

ウイルスを持つ株の汁からうつるので、ハサミやナイフは、1株に使用するごとに消毒しながら使うようにします。また、アブラムシやアザミウマなどにより媒介されるので、これらの

うどんこ病

チャノホコリダニ

花枯病

ハモグリバエ（エカキムシ）

害虫が発生しないように注意します。

うどんこ病　小麦粉をまぶしたようになり、株全体に広がって、ひどくなると葉が枯れます。特に黒葉系の品種に発生すると見栄えが悪くなります。風通しと日当たりを確保すると発生が少なくなります。５～10月に発生します。

灰色かび病　葉や茎、花に水滲状の斑点ができて全体に広がり、ひどいと灰色のカビが生え、その後、暗褐色になり腐敗します。４～７月に20～25℃で多く発生が見られます。【薬剤】ＤＢＥＤＣ乳剤。

花枯病　花弁の先端に茶褐色の斑点ができ、やがて花全体に広がり、枯死してしまいます。６～９月に発生します。

苗立枯病　育苗時に苗の地際の茎が黒くなり、倒れて枯死します。水はけの悪い場所や未熟な堆肥などを混ぜたときに発生します。【薬剤】キャプタン水和剤。

軟腐細菌病　地際の茎が暗褐色で水滲状になり、全体が生気を失ったようになり軟化するばかりでなく、球根も軟化腐敗し特異な悪臭を放ちます。７～８月に発生します。

暗紋病　主に葉に円形～不整形の暗緑色輪紋状の病斑が生じ、ひどくなると葉が枯れます。４～11月に発生します。

青枯病　緑のまま生気を失ってしおれ、２～３日後には枯死します。そのころには、球根も腐敗しています。水はけの悪い粘土質の土などで発生しがちです。病気になった株はまわりの土とともに取り除きます。５～８月に発生します。

白絹病　地際の茎に茶褐色の斑紋を生じて腐敗させ、絹糸のような白いカビが患部や周囲の土に発生し、やがて枯死します。６～９月に発生します。【薬剤】フルトラニル水和剤。

ダリアをいっそう楽しむために

ダリアの花芯。

ダリアの王様、「皇帝ダリア」を育ててみよう

秋の青空にピンクの一重の花がよく映える皇帝ダリアは、まさにダリアの王様の貫禄です。「皇帝ダリア」の種名は、*Dahlia imperialis* です。その名のとおり、imperial ＝皇帝に由来する大型のダリアで、草丈がなんと3〜6ｍにも伸び、その雄大な姿から「木立ダリア」とも呼ばれます。基本種の花はピンクですが、栽培されているものには白花もあり、また八重咲きのものもあります。

原産地はメキシコ南部からコロンビア、ボリビアにかけてで、標高１３００〜３８００ｍの高地の岩がちの斜面の草地や林の周辺部に自生しています。

昔、アステカの人たちは、太いこの茎が中空であることから水を流すための樋に利用し、全長60〜80㎝にもなる葉を家畜のエサにしていたとのことです。

●皇帝ダリアの生育サイクルと特性

皇帝ダリアも、ほかのダリアと同様、雨季の始まりに芽生え、雨とともに成長、開花して、乾季に入ると休眠するという生育サイクルをもっています。

昼間の長さが12時間30分（9月中旬から下旬ごろ）ほどで蕾ができ、開花まで2か月余りかかるため、関東地方南部では開花し始めるのが11月中旬以降となります。

日当たりよく広々とした草原に自生する皇帝ダリア(グアテマラにて。撮影:田中 哲)

軽い霜では枯れることはありませんが、強い霜が降りると枯れてしまいます。そこで、霜が早い年は、蕾が全部開ききらないうちに、枯死してしまうこともあります。

つまり、寒さがくるのが早い関東地方以北では、屋外での開花は難しくなります。

●植えつけ

庭植えでも鉢植えでも栽培は可能です。春にポット苗が入手できますから、5月の大型連休が終わったころに庭に植えるか、または、10号以上の鉢に植えつけてください。

夜間、照明の光が当たる場所は避ける　庭植えにする場合は、日当たりと風通しがよい場所が適しています。

もう一つ注意しなければならないのは、街灯のそばだと、光に反応して蕾ができる時期が遅れ開花が遅くなってしまうので、夜間は暗くなるよう、街灯などの人工照明で一晩中光が当たる場所は避けるということです。

植え場所を決めたら、あらかじめ腐葉土や堆肥、さらに緩効性化成肥料の元肥を入れ、直径1m、深さ40~50㎝ほどをよく耕しておきます。

●植えつけ後の管理

水やり　皇帝ダリアは非常に丈夫で、ほとんど手がかかりませんが、やはりほかのダリアと同様、水を好み、夏の暑さで生育がやや衰えます。夏場に乾燥する日が続くようなら、夕方、株元に水をたっぷり与えます。

水の吸収が激しいので、特に鉢植えで育てる場合は、水切れさせないよう水管理をしっかり行いましょう。

下葉は順次かき取る　1mほどに伸びたら、下部の葉は、かき取って風通しをよくします。草丈が伸びるにつれ地面から1mほどの葉は順次かき取ります。

頑丈な支柱を立てる　とにかくボリュームのある草姿ですから風の抵抗を受けやすく、ボリュームに見合ったしっかりした強度の支柱を設けないと、台風などで折れてしまいがちです。

草丈が1mほどになったら支柱の準備をします。成長に応じて支柱は高く伸ばせるように工夫しておきましょう。

鉢植えのものは、門柱や物干しの支柱などにくくりつけるようにするとよいでしょう。

病害虫の防除　葉を食害するバッタやイモムシ類、夏（特に8月）の乾燥期に発生するダニ類による被害などがあります。

肥料　庭植えは、春の初期成長期と、夏が過ぎて再び成長を開始する9月中旬ごろに、株元に緩効性化成肥料などを追肥します。鉢植えは、暑さで生育が衰える真夏以外は肥料切れしない

入手したらすぐに５号ポットに植え替えて肥培し、連休が終わったころに庭に植えつけるか、10号以上の鉢に植えつけて育てる。

春に購入した皇帝ダリアの苗。３号ポットに植えられていることが多い。

よう追肥を行います。

間引き　数年植えたままの株で、茎が林立しているものは、弱い芽を間引いて株元の風通しをよくします。

摘心　芽摘みをして茎を数本立てることも可能ですが、その際は遅くとも7月中までに行います。遅くなると蕾ができないことがあります。また、先端の芽を摘んで枝分かれしたものは、枝のつけ根から裂けやすいので、支柱でしっかり支える必要があります。

切り戻し　切り戻しも可能ですが、遅くとも7月初旬までに済ませます。この場合も、節から伸び出た枝は裂けやすいので、支柱をしっかり添える必要があります。

なお、月別の主な管理の要点は、各月の管理・作業の項にも解説してありますので参照してください。

●苗のふやし方

皇帝ダリアは球根でふやすより、さし木でふやすのが一般的です。その際は、今年伸びた太い茎を利用します。

晩秋に霜が降り、先端部が枯死した茎を元から切り取り、さらに1～2mほどに切り分け、新聞紙に包んで、5～7℃前後の暗所で3月中旬から下旬まで保管します。湿り気は与えません。ぬれ新聞紙などにくるむと、かえって傷みやすくなります。皇帝ダリアの茎には、十分に水分・養分とも含んでいるので、3～4か月の保存は可能です。

春になってから芽を出させるには次の2つの方法があります。

茎伏せ法　3月中～下旬になったら、肥料分のない清潔な用土（市販のさし木用土など）に保存しておいた茎を伏せて、茎が隠れるくらい土をかぶせます。

その後、直接雨が当たらず日のよく当たる軒下などに置き、乾いたら水を与えながら管理すると、1か月ほどで節の部分から新芽が伸び出します。

この新芽を20～30㎝に伸ばしてから（6月ごろ）元から切り取り、鉢に1本ずつさし木し、できるだけ空中湿度の高い場所で管理するとすぐに発根してきます。

管ざし法　太い茎を1節ずつに切り分け、節の部分が土にもぐるようにさすと、節の部分から発芽・発根してきます。

発芽・発根した株は庭に植えるか、または鉢上げして管理すると、その年のうちに開花が見られます。

皇帝ダリアのふやし方

【管ざし法】

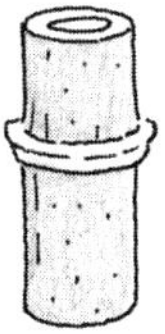

茎は節をつけて切り分ける。節から下部は長めに。

土にさす（3月中旬～4月上旬）。

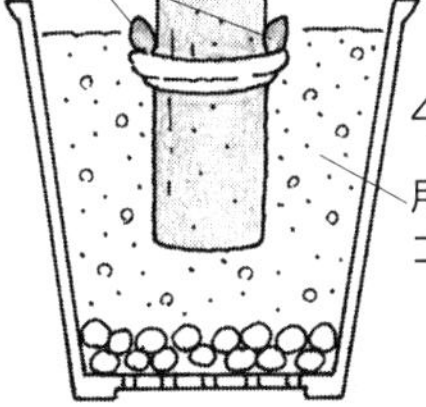

明るい日陰で用土が乾かないよう管理する。
発芽後は日なたに移し、乾いたら水を与える。1か月半から2か月で目的の場所に植え替える。

【茎伏せ法】

保管しておいた茎は、ソメイヨシノが咲くころプランターなどに寝かせて置き、茎が隠れるくらい土をかぶせる。

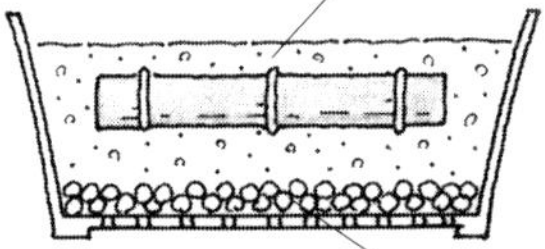

5月下旬から6月中旬に、伸びた新芽をできるだけ元から切り取る。

5～6号の深鉢に1本ずつさし木する。さし木後は空中湿度の高い半日陰で管理する。芽が動きだしたら規定の希釈倍率より2倍に薄めた液体肥料を週1回、葉にもかかるように施す。その後、1か月半から2か月で植え替えを行う。

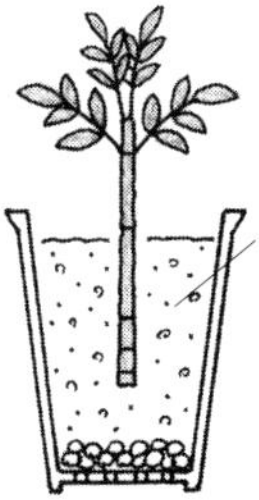

水は用土が乾いたらたっぷり与える。

オリジナル品種をつくってみませんか

ダリアは、タネをまくと数か月後には花を咲かせます。育てているダリアからとったタネをまくと親とは異なった花が咲きます。

園芸種のダリアは自然に実ったタネをまいてもいろいろな花が咲きます。しかし、せっかくオリジナルの花を目指すなら、新しい色合い・花形・大きさなどのほか、大輪だが草丈が低い、花首がしっかりしているなど、自分なりの目標を立てて親を選び、交配を行いたいものです。

タネのとり方

タネは筒状花（花芯）にでき、舌状花にはできません。ですから、花芯があるシングル咲き、半八重咲きは、比較的簡単にタネが実ります。八重咲きでは、筒状花がないので通常ではタネはとれませんが、栄養状態を悪くしたり、晩秋に花弁の重なりが薄くなり筒状花が現れたとき受粉作業をするとタネを実らせます。

交配してからタネが実るまでは、シングル～小輪で30日、中輪系で40日、大～巨大輪で50日ほどを要します。霜が降りると成熟途中のタネが死んでしまうので、住んでいる地域の平均降霜日から逆算して交配時期を決めます。

交配の仕方

❶タネをつけるための雌花と花粉をとるための雄花の品種を選びます。

❷雌花の花芯が見えるようになったら、舌状花

をすべてていねいに抜き取り、目的以外の花粉がつかないよう、紙袋をすっぽりとかぶせます。
❸2～3日して雌しべがY字状に開いてきたら、花粉が出始めた雄花を直接雌しべに触れるように合わせ、軽くこすりつけます。終了したら、再び袋をかぶせ、交配親の品種名を書いたラベルをつけておきます。この作業を、2～3日おきに2～3回繰り返します。
❹受粉が成功すると、周囲の苞が急速に伸びてきて、タネを保護するシード・ポットができます。このころになったら袋を外します。このまタネが完熟するまで管理し、強い霜が予想される前に切り取ります。
❺収穫後は、風通しのよい日なたで20日間くらい十分に乾燥させ、シード・ポットを割ってタネを取り出します。
❻取り出したタネは、交配親名を明記した小袋に入れ、乾燥した場所で保存します。

＊

保存したタネは、春にまき、肥培管理をして、花のよしあし、草姿や性質を見極めて選抜します。正確な形質を知るまで、1～2年の培養が必要です。

目的に合わない花を廃棄することも、新しい花づくりには重要な作業です。

＊

新花を得るには、交配による方法のほか、枝変わりという方法があります。ごくまれに株の一部の枝に花色や花形が異なったものが現れることがあります。この枝変わり枝を切り取ってさし木でふやし、球根をとって新しい品種とすることもあります。

新しい花ができたら、ぜひ名前をつけて「オンリー・ワンのダリア」を愛培してください。

交配からタネの採取まで

1 雌花の花芯が見えるようになったら、舌状花をすべて抜き取る。

2 花弁を抜き取った雌花に紙袋をすっぽりとかぶせる。

3 2～3日して雌しべがY字状に開いてきたら交配の適期。

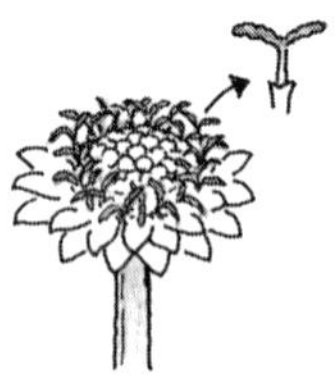

4 雌花の柱頭に、花粉の出始めた雄花の雄しべを触れ合わせて軽く刷くようにする。

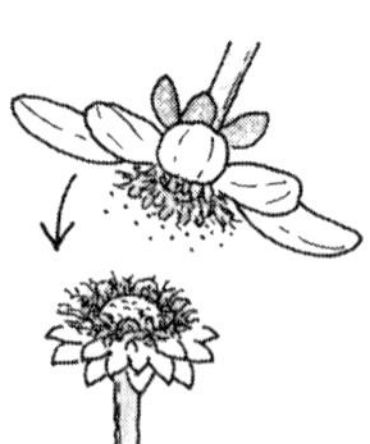

5 雄しべは花床の外側から順番に伸び出すので、それに合わせて2～3回ほど交配を繰り返す。

6 受粉が成功すると周囲の苞が急速に伸びて、堅いシード・ポットが形成される。

7 完熟してきたら強い霜が降りる前に花梗をつけて切り取り、日なたに干して十分乾燥させてからタネを取り出す。

ダリアの入手先

ダリアの球根は、植えつけの始まる３月中旬ごろから各地の園芸店やホームセンターの店頭に並び、５月下旬には販売が終了します。通信販売でも３月下旬～６月ごろまでが販売期間となります。

現在、500 品種以上が入手可能ですが、店頭で販売される品種は限られていますので、こだわりの品種を入手するには、通信販売を利用するとよいでしょう。

４月中旬から、さし木でふやされた蕾つきのポット苗や鉢物が各地の店頭に並びます。これは、黒葉系や鉢物用の極小輪～小輪種が多く、球根では販売されない品種が多数あります。

［主な入手先］

AGS	〒151-0053 東京都渋谷区代々木1-32-11 電話：0120-870-942　FAX:03-3299-8592 www.AGSfan.com
㈱サカタのタネ 通信販売部	〒224-0041 神奈川県横浜市都筑区仲町台2-7-1 電話：045-945-8824　FAX:0120-39-8716 http://sakata-netshop.com
タキイ種苗㈱　通販係	〒600-8686 京都府京都市下京区梅小路通猪熊東入 電話：075-365-0140　FAX:075-344-6707 www.takii.co.jp
やまき育種園芸研究所	〒059-1431 北海道勇払郡安平町早来新栄15 電話・FAX 0145-22-2673 http://mypen.jp/yamaki

［愛好家団体］

日本ダリア会	ダリアを愛する人の集まりで、ダリアに関する情報交換、見学会などの活動を行っています。 詳しくは、下記の事務局までお問い合わせください。 〒277-0033 千葉県柏市増尾2-11-19 ㈱樹芸内　FAX：04-7173-9085

蓼科高原 バラクラ イングリッシュ ガーデン

開園期間：通年（ダリアの見ごろは8月～11月上旬）。天候上、冬季に休園することがある。
開園時間： 4～10月：9：00～18：00
入園料：大人1,000円、小・中学生600円（シーズン料金やイベント特別料金の場合がある）
所在地：長野県茅野市北山栗平5047
電話・URL： TEL 0266-77-2019
http：//www.barakura.co.jp/
見どころ： 1990年に日本初の本格的英国式庭園として開園。8～11月初旬には約100品種、約5000株のダリアが開花し、草花や木々に調和した景観美を満喫することができる。毎年9～10月には、「ダリア・ウィークス」が開催され、球根の受注会も行われる。

日野ダリア園

開園期間：8月中旬～11月上旬
開園時間：10：00～16：00（入園は15：00まで）。火曜休業。
入園料：大人（中学生以上）300円、小人100円
所在地：滋賀県蒲生郡日野町鎌掛2198-1
電話・URL： TEL 0748-52-5651
http：//hinodariaen.com/
見どころ：地元のボランティアによって運営管理されるNPO法人日野ダリア園は、2002年に開園された。今では1万㎡の休耕田に、100品種、1万株のダリアが植えられ、夏から秋にかけて咲き誇る。

なばなの里

開園期間：通年（ダリアの見ごろは10月上旬～11月中旬）
開園時間：9：00～21：00
入園料：1,500円（1,000円分の金券つき）
所在地：三重県桑名市長島町駒江漆畑270番地
電話・URL： TEL 0594-41-0787
http：//www.nagashima-onsen.co.jp/
見どころ：東海地区最大級、約1万3000坪もの「花ひろば」では、超巨大輪約50品種を含む約200品種、1万株のダリアが咲き誇る。9月下旬～11月中旬には、コスモスも同時に楽しめる「ダリア・コスモスまつり」を開催。

フラワーヒル菊池高原

開園期間：4月1日～11月中旬（ダリアの見ごろは6月中旬～11月中旬）
開園時間： 9：00～17：30
入園料：大人（高校生以上）600円、小人（5歳以上）300円　団体料金（20名以上）大人500円、小人250円
所在地：熊本県菊池市原4456
電話・URL：TEL 0968-27-1011
http：//www.flowerhillkikuchikougen.co.jp
見どころ：標高650mの菊池高原に50万㎡にわたって広がる国内最大級の木と花の楽園。6月中旬から11月中旬にかけて約400品種、4000株の大型品種や珍しい品種のダリアが一面に咲き誇り、春には球根も販売している。6～7月のユリ園も圧巻。

ハウステンボス

開園期間：年中無休（ダリアの見ごろは10月上旬～11月初旬）
開園時間： 3月1日～1月6日：9：00～20：00　1月7日～2月末：9：00～19：00
入園料：入場チケット：大人3,200円、中人2,000円、小人1,000円、パスポート：大人5,600円、中人4,400円、小人3,400円
所在地：長崎県佐世保市ハウステンボス町1-1
電話・URL： TEL 0956-27-0001
http：//www.huistenbosch.co.jp
見どころ：自然を創造し、育み、持続可能な暮らしを提案する「ボタニカルリゾート」をテーマとした街。運河沿いには、秋ともなれば直径30㎝以上の超巨大輪や希少品種を含む140品種、2800株のダリアが咲き競う。

北海道女子学生会館前（通称「ダリア通り」）

開園期間：公共遊歩道なので通年（ダリアの見ごろは8月下旬～10月中旬）
開園時間：特になし
入園料：無料
所在地：北海道札幌市中央区北21条西15丁目1番6号
電話・URL： TEL 011-736-8111（北海道女子学生会館）
見どころ：館長がダリアづくりの専門家。琴似川と美しいポプラ並木が続く北海道女子学生会館前の遊歩道約200mにわたり、約350品種のダリアが植栽されている。冷涼な気候のもとに育ったダリアの花は抜群の美しさ。

全国の主なダリア園

秋田国際ダリア園

開園期間：8月上旬～11月上旬
開園時間：日の出～日没
入園料：高校生以上400円
所在地：秋田県秋田市雄和妙法字糠塚21
電話・URL：TEL 018-886-2969
見どころ：世界14か国から集めた、約650品種、7000株ものダリアが咲き誇る。なかでも巨大輪コーナーに咲く直径40cmものダリアは見もの。また、その場で球根の予約もできる。

佐曽利園芸組合・宝塚ダリア花つみ園

開園期間：7月中旬～11月上旬（最盛期は10月下旬～11月上旬）
開園時間：9：00～17：00（気候条件により若干の変更あり）
入園料：大人200円、小人100円。
所在地：兵庫県宝塚市上佐曽利
電話・URL：TEL 0797-91-0003（佐曽利園芸組合）
見どころ：約1haの敷地に300品種、1万8千株が植栽され、花つみ体験ができる（1本50円）。周辺は全国有数のダリア球根生産地で、周辺には約6haのダリア球根生産圃場が点在し、秋の風物詩となっている。

川西ダリヤ園

開園期間：8月1日～11月上旬（見ごろは9月～10月中旬）
開園時間：9：00～18：00（10月以降は日没で閉園）
入園料：大人520円、小人（小学生）210円
所在地：山形県東置賜郡川西町上小松5095-11
電話・URL：TEL 0238-42-2112
http：//www8.plala.or.jp/kawa-kanko/
見どころ：約4haの敷地に650品種、約10万本のダリアを栽培。園内はゆっくりと散策できる遊歩道が、花壇をぬって広がる。毎年9月には「東北ダリヤ名花展」が行われるほか、10月には「秋まつり」が開催される。

世羅高原農場

開園期間：4月中旬～11月（ダリア祭：9月上旬～10月下旬）
開園時間：9：00～17：00
入園料：大人700円、小人（4歳～小学生）300円
所在地：広島県世羅郡世羅町別迫1124-11
電話・URL：TEL 0847-24-0014
http：//www.sera.ne.jp
見どころ：標高500mの高原に広がる花観光農園。「ダリア祭」の期間には丘一面に咲く300品種、2万5000株ものダリアを観賞できる。春に咲く70万本ものチューリップも壮観。

黒川ダリア園
開園期間（見ごろ）：9月中旬～11月初旬
開園時間：特になし
入園料：無料
所在地：兵庫県川西市黒川地区
電話・URL： TEL 072-759-0805（川西緑化協会）
見どころ：川西市の最北部に位置し4400㎡の農地に、255種、1700株のダリアを植栽。市民とともに管理運営している。

東京都神代植物公園
開園期間（見ごろ）： 7月～10月
開園時間： 9：30～17：00
入園料：大人500円、65歳以上250円、中学生200円、小学生以下無料
所在地：東京都調布市深大寺元町5-31-10
電話・URL: TEL 042-483-2300
見どころ：園内の「ダリア園」に、93品種、およそ1800株のダリアが植えられている。

「両神山麓花の郷」ダリア園
開園期間（見ごろ）： 8月中旬～10月下旬
開園時間： 9：00～16：30
入園料： 300円（中学生以上）
所在地：埼玉県秩父市小鹿野神薄8210-1
電話・URL： TEL 0494-79-1100（小鹿野両神観光協会）
見どころ：日本百名山の一つ「両神山」の麓の小盆地に、250種、4000株のダリアを地元住民が丹精を込めて育てている。

茨城県フラワーパーク
開園期間（見ごろ）： 8月下旬～11月初旬、1月～4月初旬
開園時間： 2～11月　9：00～17：00、12～1月　9：00～16：00
入園料：大人4～11月740円　12～3月370円　小人4～11月370円　12～3月190円
団体割引等あり
所在地：茨城県石岡市下青柳200
電話・URL： TEL0299-42-4111
見どころ：つくばEXPO’85の記念公園として開園で、敷地面積は約30ha。バラ、ボタン、アジサイなど季節の花が妍を競う。夏から晩秋にかけては大輪種のダリア233品種、約1000株が鮮やかな色彩で園内を彩る。

ダリア・ファレシイ
（『ザ・ガーデン』より）

町田ダリア園

開園期間：6月20日～11月3日
開園時間：9：30～16：30
入園料：大人350円、子供150円、団体割引（20名以上）、障害者割引あり
所在地：東京都町田市山崎町1213-1
電話・URL：TEL 042-722-0538
http：//www12.ocn.ne.jp/dahlia/
見どころ：NPO 法人「かがやき福祉会・まちだ福祉作業所」が運営する関東圏随一の観光ダリア園。約1.5ha の敷地に500品種、約4000株ものダリアが栽培されている。

湯遊ランドはなわのダリア園

開園期間：7月～11月
開園時間：10：00～17：00
入園料：200円
所在地：福島県白川郡塙町大字湯岐字立石21番地
電話・URL：TEL 0247-43-3000
http：//www.yuyu-land.com/
見どころ：150品種、2000株のダリアが、夏から秋にかけて咲き誇る。開花期に合わせて「ダリア写真コンテスト」、「ダリア染め体験」、「ダリア切花コンテスト」など、さまざまなイベントが行われている。

やまき育種園芸研究所

開園期間：8月下旬～9月末
入園料：無料
所在地：北海道勇払郡安平町早来新栄15
電話・URL：TEL 0145-22-2673　FAX 0145-22-2673
http：//mypen.jp/yamaki/
E-mail yamaki@mypen.jp
見どころ：約5000㎡の圃場では、創業者の故山木正五氏（2007年10月没）が、34年間にわたって作出したダリア350品種余りを保存、栽培している。＊不在の場合があるため、見学希望者はＦＡＸまたはメールで事前に連絡のこと。

百合が原公園

開園期間：有料施設以外は通年（ダリアの見ごろは8月下旬～10月上旬）
開園時間：有料施設以外は特になし
入園料：無料（ただし、有料施設あり）
所在地：北海道札幌市北区百合が原公園210番地
電話・URL：TEL 011-772-4722
http：//www.sapporo-park.or.jp/yuri/index.html
見どころ：ダリア園には、約150品種、1000株のダリアが植栽され、8月の下旬から10月上旬がおすすめ。9月中旬には、緑のセンター温室で「ダリア展」を開催し、200品種以上が展示される。

やまびこの丘公園

開園期間：4月下旬～11月上旬（ダリアの見ごろは8月～10月）
開園時間：9：00～17：00（毎月第３水曜日は休園）
入園料：大人（中学生以上）200円、小学生100円。団体割引あり
所在地：長野県下高井郡木島平村大字上木島3278-8
電話・URL：TEL 0269-82-4664
http：//kijimadairakanko.jp
見どころ：高社山の山麓に広がる散策路沿いの公園に設けられた県下では最大級のダリア園。0.7ha の花壇に200品種、2500株ものダリアが咲きそろう。毎年9～10月には花にちなんだロングランイベントを実施している。

燦ランド「世界ダリア園」

開園期間：8月～10月
開園時間：8：30～17：00
入園料：大人300円、小人100円。20名以上で団体割引あり
所在地：秋田県湯沢市栗沢山1-1
電話・URL：TEL 0183-72-6206
見どころ：湯沢市街と稲川地区の境にある山谷トンネルの手前につくられた「世界ダリア園」には、80a の敷地に約400種、4000株の世界各地のダリアが咲き誇る。

山口まり（やまぐち・まり）

ダリアの育種家の父親の元に生まれ、ダリア栽培を手伝いながら成長する。植物全般に興味をもち、千葉大学園芸学部で花卉を専攻。現在は、花の庭づくりや山野草・盆栽の生産に関わりながら『花を楽しむ教室』を主宰し、植物のすばらしさを伝えている。「日本ダリア会」の理事を務め、60年ぶりに出版されたダリアの専門書『ダリア百科』（誠文堂新光社）では、編集役を務めた。

表紙・カバーデザイン
湯浅レイ子（ar inc.）
本文レイアウト
新井達久
イラスト
江口あけみ
写真撮影
今井秀治／公文美和／津田孝二／丸山 滋
写真提供・撮影協力
岩佐昌子／小笠原左衛門尉亮軒／奥 隆善／草間裕輔／宍戸 純／田中 哲／内藤博孝／長岡 求／二宮孝嗣／山野辺園恵／渡邉金昭／秋田国際ダリア園／アルスフォト企画／アンディ＆ウィリアムス ボタニックガーデン／佐曽利園芸組合／小西ダリア園／F.Communications
校正
安藤幹江
編集協力
水沼高利（耕作舎）

NHK趣味の園芸
よくわかる栽培12か月
ダリア

2010年7月15日　第1刷発行
2021年11月5日　第3刷発行

著　者　山口まり

発行者　土井成紀
発行所　NHK出版
〒150-8081　東京都渋谷区宇田川町41-1
電話 0570-009-321（問い合わせ）
0570-000-321（注文）
ホームページ：https://www.nhk-book.co.jp
振替　00110-1-49701
印　刷　凸版印刷
製　本　凸版印刷

ISBN978-4-14-040246-7　C2361
Printed in Japan